301

Hechos increíbles de la historia

Descubre los mejores hechos y datos históricos que marcaron la historia de la humanidad

GHIA ARYA

Índice

Introducción

¡Hola, pequeños exploradores de la historia!

¿Están listos para viajar por el tiempo y descubrir los momentos más emocionantes que han hecho del mundo lo que es hoy? En este libro, nos sumergiremos en épocas antiguas, conoceremos a personas asombrosas y descubriremos inventos increíbles que cambiaron la vida de la humanidad. Desde los primeros seres humanos que cazaban y usaban herramientas de piedra hasta los viajes espaciales y los robots que ahora nos acompañan, cada capítulo los llevará a un rincón fascinante de nuestra historia.

Aquí aprenderán sobre los egipcios y sus pirámides, esos enormes monumentos que siguen siendo un misterio; descubrirán a los griegos, quienes inventaron ideas tan importantes que aún usamos hoy, como la democracia; y también conocerán a los valientes navegantes vikingos, que se lanzaron al mar sin saber qué encontrarían.

Además, se enterarán de cómo algunos inventos como la brújula y la pólvora ayudaron a descubrir nuevos lugares, y cómo la imprenta permitió que el conocimiento pudiera llegar a todas las personas.

La historia de la humanidad está llena de aventuras, descubrimientos y grandes personajes. Podrás conocer a exploradores que viajaron por lugares desconocidos, científicos que resolvieron misterios sobre el universo y artistas que dejaron obras tan hermosas que siguen asombrando al mundo. También verán cómo la tecnología ha cambiado nuestra vida, desde los primeros trenes que hicieron posible cruzar continentes, hasta los teléfonos y computadoras que hoy nos conectan con el mundo.

Cada hecho, dato curioso y descubrimiento que lean aquí tiene algo que enseñarnos. A veces, la historia nos muestra cómo nuestras ideas, habilidades y sueños nos han ayudado a resolver problemas y a crear cosas nuevas. Otras veces, también nos recuerda la importancia de la paz, el respeto y la colaboración para construir un futuro mejor para todos.

Así que abran bien los ojos, dejen volar su imaginación y prepárense para explorar la historia más allá de lo que aprendieron en la escuela.

¡Este libro los llevará a los momentos más importantes y a los secretos mejor guardados de nuestro pasado! Juntos aprenderemos cómo, paso a paso, invento tras invento y descubrimiento tras descubrimiento, los seres humanos hemos construido un mundo lleno de maravillas, y cómo cada una de esas maravillas nos ayuda a imaginar un futuro lleno de posibilidades.

¡Es hora de comenzar nuestra aventura!

La Edad de Piedra y los Primeros Humanos

1

Los Primeros Humanos Usaban Piedras Como Herramientas

Hace unos 2.5 millones de años, los primeros humanos descubrieron que podían usar piedras para fabricar herramientas. Este hallazgo fue un cambio enorme en la forma en que vivían, ya que les permitió cortar carne, trabajar pieles y construir refugios. Al golpear una piedra contra otra, lograban un borde afilado que funcionaba como un cuchillo primitivo. Estas herramientas de piedra, llamadas "líticas", eran básicas pero esenciales para la caza y la recolección. Usarlas significó una gran ventaja sobre otros animales y permitió a los humanos obtener más alimento y materiales para abrigarse y protegerse del clima. Además, este desarrollo impulsó la cooperación en grupo, ya que fabricar y usar herramientas requería compartir habilidades y conocimientos, creando las primeras formas de aprendizaje y enseñanza en la historia de la humanidad.

2

El Descubrimiento del Fuego Cambió la Vida de los Primeros Humanos

El descubrimiento del fuego fue uno de los avances más importantes para los primeros humanos. Aunque al principio solo podían usarlo cuando ocurría de forma natural, como en incendios causados por rayos, con el tiempo aprendieron a controlarlo. El fuego les permitió cocinar alimentos, lo cual hacía que la carne fuera más fácil de masticar y digerir, además de reducir el riesgo de enfermedades. También brindaba calor durante las noches frías, lo que ayudó a los humanos a sobrevivir en climas más duros y colonizar nuevas regiones. Además, las llamas mantenían alejados a los depredadores, ofreciendo protección y seguridad.

3

Los Primeros Humanos Vivían en Cuevas Para Protegerse

Durante la Edad de Piedra, los primeros humanos necesitaban refugio para sobrevivir a las inclemencias del tiempo y protegerse de los depredadores. Las cuevas se convirtieron en un lugar ideal para vivir porque ofrecían un entorno natural y seguro.

Estos refugios eran fríos en verano y cálidos en invierno, ayudando a mantener una temperatura estable en el interior. Vivir en cuevas también permitía a los humanos almacenar alimentos y herramientas, lo que mejoraba su capacidad de sobrevivir durante tiempos difíciles, como inviernos duros o períodos de escasez.

4

Las Pinturas Rupestres Fueron la Primera Forma de Arte

Las pinturas rupestres son uno de los vestigios más antiguos de la expresión artística humana. Estas obras de arte se encuentran en cuevas de todo el mundo y datan de hace más de 40,000 años. Los primeros humanos usaban pigmentos naturales, como tierra, carbón y minerales, para dibujar figuras de animales, personas y escenas de caza en las paredes de las cuevas. Estas pinturas no solo eran decorativas, sino que también podían tener un significado simbólico o espiritual, quizás relacionadas con rituales para atraer buena caza o para contar historias. Las imágenes muestran la importancia que los animales tenían en sus vidas, tanto como fuente de alimento como parte de sus creencias. Las pinturas rupestres no solo nos revelan detalles de cómo vivían, sino que también son evidencia de la capacidad humana para la creatividad y la comunicación temprana.

5

El Lenguaje de los Primeros Humanos Era Básico y Gestual

La comunicación entre los primeros humanos no era como la conocemos hoy. Al principio, carecían de un lenguaje hablado estructurado y dependían de gestos, gruñidos y sonidos básicos para expresar sus necesidades y emociones. Estos gestos y sonidos ayudaban a coordinar actividades como la caza y a advertir sobre peligros cercanos. Las expresiones faciales también jugaban un papel importante, ya que permitían transmitir emociones, como felicidad, miedo o enojo. Con el tiempo, estos gestos y sonidos se hicieron más complejos y evolucionaron hacia formas más avanzadas de comunicación. Esta evolución fue esencial para el desarrollo de la cooperación en grupo, lo que facilitó la caza en equipo y la supervivencia.

6

La Edad de Piedra Se Divide en Tres Etapas

La Edad de Piedra, que es el primer período de la prehistoria, se divide en tres etapas principales: el Paleolítico, el Mesolítico y el Neolítico.

El Paleolítico, la etapa más antigua, es conocida como la "Edad de la Piedra Antigua" y se caracteriza por las herramientas de piedra simples y el estilo de vida nómada de los cazadores-recolectores. Durante el Mesolítico, o "Edad de la Piedra Media", se produjeron cambios en el clima que impulsaron a los humanos a adaptarse a nuevos entornos y a desarrollar herramientas más avanzadas. Finalmente, el Neolítico, o "Edad de la Piedra Nueva", marcó un cambio radical: el descubrimiento de la agricultura. En esta etapa, los humanos comenzaron a domesticar animales y a cultivar plantas, lo que permitió la formación de asentamientos permanentes y el surgimiento de las primeras aldeas. Estas etapas representan el avance progresivo de la humanidad hacia sociedades más complejas.

7

El Fuego También Sirvió Para Contar Historias y Reunir Grupos

El fuego no solo ofrecía calor y protección a los primeros humanos, sino que también tenía un papel social muy importante. Por la noche, las tribus se reunían alrededor del fuego para contar historias, compartir conocimientos y reforzar los lazos comunitarios.

Este hábito ayudó a los humanos a desarrollar un sentido de identidad y pertenencia, creando un espacio para transmitir leyendas y experiencias de generación en generación. Los sonidos del crepitar del fuego y la luz cálida que proyectaba hacían que las noches fueran menos peligrosas y más acogedoras. Las historias que se contaban junto al fuego ayudaron a las primeras comunidades a aprender sobre las habilidades de caza, a entender su entorno y a fortalecer las tradiciones grupales. El fuego, por tanto, se convirtió en el primer escenario de lo que, con el tiempo, evolucionaría en rituales y narraciones más complejas.

8

Domesticar Animales Cambió la Vida Humana

La domesticación de animales marcó un avance crucial en la vida de los primeros humanos. Uno de los primeros animales domesticados fue el perro, que servía como compañero de caza y guardián. Posteriormente, los humanos comenzaron a domesticar ovejas, cabras y otros animales que podían proporcionarles leche, carne y pieles. Esta relación con los animales hizo que la vida fuera más predecible y segura, ya que no dependían exclusivamente de la caza para obtener alimento. Además, la domesticación ayudó a los humanos a establecerse en comunidades más estables, facilitando el paso de un estilo de vida nómada a uno más sedentario.

Este proceso fue fundamental para el desarrollo de la agricultura y permitió que las aldeas y los primeros asentamientos crecieran en tamaño y complejidad.

9

Los Humanos de la Edad de Piedra También Usaban Herramientas de Madera y Hueso

Las herramientas de madera y hueso fueron un complemento esencial a las de piedra en la vida de los primeros humanos. Aunque las herramientas de piedra eran fundamentales para tareas como cortar y raspar, los humanos comenzaron a utilizar huesos de animales y ramas de madera para crear utensilios más versátiles. Los huesos afilados se usaban para perforar, mientras que las lanzas con puntas de madera endurecida al fuego eran ideales para la caza. Las herramientas de hueso eran ligeras y resistentes, permitiendo que los cazadores tuvieran armas más manejables y eficaces. Por otro lado, la madera permitía la fabricación de arcos y flechas, un avance que revolucionó la caza a distancia y mejoró la seguridad.

10

Los Primeros Humanos Formaron Comunidades Pequeñas y Asentamientos

A medida que los humanos avanzaban en el descubrimiento de la agricultura, comenzaron a establecerse en comunidades y aldeas cerca de fuentes de agua y tierras fértiles. Estas primeras comunidades estaban formadas por grupos de familias que trabajaban juntas para cultivar alimentos, criar animales y construir refugios. Vivir en grupo ofrecía muchas ventajas, como la posibilidad de compartir recursos y protegerse mutuamente de depredadores o de otros grupos. Los asentamientos también permitían la especialización de tareas: mientras algunos se dedicaban a la caza, otros fabricaban herramientas o cuidaban de las cosechas. Esta vida más estable favoreció la aparición de tradiciones, creencias y rituales compartidos, creando un sentido de identidad y pertenencia.

11

Los Humanos Antiguos Se Cuidaban y Ayudaban Entre Ellos

Existen evidencias arqueológicas de que los primeros humanos cuidaban de los heridos y enfermos, lo cual refleja un instinto de protección y solidaridad.

Huesos encontrados con signos de haber sanado indican que las personas recibían ayuda cuando se lesionaban. Se pudo descubrir que se inmovilizaban extremidades rotas con ramas o vendajes de piel, y que se usaron plantas medicinales para curar infecciones o aliviar el dolor. Este tipo de atención no solo garantizaba la supervivencia de más individuos, sino que también fortalecía los lazos entre los miembros del grupo, generando un sentido de comunidad. La cooperación en momentos de enfermedad o debilidad era fundamental, ya que una persona recuperada podía volver a contribuir al bienestar del grupo.

12

La Caza de Animales Grandes Requería Trabajo en Equipo

La caza de grandes animales era un desafío que exigía valentía, coordinación y trabajo en equipo. Los primeros humanos no contaban con armas modernas, por lo que dependían de herramientas rudimentarias y de la colaboración de todos para tener éxito. Para cazar un mamut, por ejemplo, los grupos ideaban estrategias como guiar al animal hacia trampas naturales o rodearlo para atacarlo desde múltiples direcciones.

Estos animales proporcionaban grandes cantidades de carne, que alimentaban a la tribu durante días o semanas, y sus pieles y huesos se usaban para hacer ropa, refugios y herramientas. Estas cacerías también ayudaban a fortalecer la cohesión del grupo y a desarrollar habilidades de planificación y comunicación. La caza en equipo no solo proporcionaba sustento, sino que también fomentaba el desarrollo de tácticas más avanzadas y mejoraba la capacidad de supervivencia de la comunidad.

13

Las Herramientas de Piedra Evolucionaron Con el Tiempo

A lo largo de la Edad de Piedra, las herramientas que los humanos fabricaban se volvieron cada vez más avanzadas y sofisticadas. Al principio, usaban piedras simples con bordes afilados para cortar y raspar, pero con el tiempo, aprendieron a crear herramientas más elaboradas, como hachas de mano y puntas de lanza. Este progreso no solo mejoró su capacidad de cazar y recolectar alimentos, sino que también permitió a los humanos realizar tareas más complejas, como la construcción de refugios y la fabricación de ropa.

La evolución de las herramientas se debía a la observación y la experimentación. Los humanos buscaban tipos de piedra más adecuados, como el sílex, que se podía moldear más fácilmente para obtener bordes más afilados. Esta evolución tecnológica fue fundamental para que los humanos pudieran adaptarse a diferentes entornos y aumentar sus posibilidades de supervivencia.

14

Las Primeras Viviendas Hechas por el Hombre

Al principio, los humanos dependían de cuevas naturales para refugiarse, pero con el tiempo aprendieron a construir sus propias viviendas. Estos refugios estaban hechos con materiales que encontraban a su alrededor, como ramas, barro y pieles de animales. Las estructuras eran básicas pero proporcionaban una protección importante contra la lluvia, el viento y los depredadores. Estos primeros hogares eran temporales y fáciles de desmontar, lo que era ideal para los grupos nómadas que se movían en busca de comida. Con el tiempo, a medida que los humanos comenzaron a asentarse de forma más permanente debido al desarrollo de la agricultura, las viviendas también evolucionaron y se volvieron más robustas y complejas. Construir refugios propios permitió a los humanos ampliar su territorio y adaptarse a diferentes climas y entornos.

15

Los Primeros Humanos Tenían Un Conocimiento Detallado de la Naturaleza

La vida en la Edad de Piedra exigía que los humanos tuvieran un conocimiento minucioso de su entorno.

Aprendieron a identificar qué plantas eran comestibles, cuáles podían usarse con fines medicinales y cuáles eran venenosas. Este conocimiento era transmitido de generación en generación, lo que permitía que la comunidad tuviera acceso a información esencial para su supervivencia. También observaban el comportamiento de los animales, lo que les ayudaba a predecir patrones de caza y a protegerse de posibles depredadores. La comprensión de los cambios climáticos, como la llegada de las estaciones frías o lluviosas, les permitía prepararse adecuadamente y ajustar sus estrategias de caza y recolección. Este entendimiento del entorno natural no solo les dio las herramientas necesarias para sobrevivir, sino que también sentó las bases para los primeros mitos y creencias relacionadas con la naturaleza y el ciclo de la vida.

16

El Uso de Ropa Para Abrigarse Fue Un Gran Avance

El desarrollo de la ropa fue un avance crucial en la historia de los primeros humanos, especialmente para sobrevivir en climas fríos. Utilizaban las pieles de los animales que cazaban para hacer abrigos y prendas rudimentarias. Estas prendas los protegían del viento y las bajas temperaturas, permitiéndoles aventurarse y asentarse en regiones con climas más fríos que antes habrían sido imposibles de habitar.

La confección de ropa también demostraba un uso más completo de los recursos animales, ya que no solo usaban la carne para alimentarse, sino también las pieles para abrigarse y los huesos para hacer herramientas. Con el tiempo, los humanos comenzaron a coser las pieles con tiras de tendones y a mejorar las técnicas de confección. Este avance les dio una mayor capacidad de adaptación y ayudó a expandir su territorio hacia nuevas áreas.

17

Los Humanos de la Edad de Piedra Usaban Plantas Medicinales

Los humanos de la Edad de Piedra, observando la naturaleza y experimentando con diferentes plantas, descubrieron que algunas de ellas tenían propiedades curativas. Por ejemplo, hojas y raíces específicas se utilizaban para calmar dolores, reducir infecciones y curar heridas. Este conocimiento se transmitía de boca en boca y era vital para la supervivencia, especialmente en un mundo donde las heridas y enfermedades podían ser mortales. El uso de plantas como la corteza de ciertos árboles para aliviar dolores o las hierbas para limpiar y proteger cortes eran prácticas comunes. Esta sabiduría, aunque rudimentaria, sentó las bases de lo que eventualmente se convertiría en la medicina tradicional.

La observación de los animales que usaban plantas para curarse a sí mismos también pudo haber influido en el desarrollo de estos conocimientos, ayudando a los humanos a explorar y aprovechar los recursos naturales para su bienestar.

18

Los Primeros Cementerios Muestran que Honraban a Sus Muertos

Los hallazgos arqueológicos han revelado que los humanos de la Edad de Piedra no solo enterraban a sus muertos, sino que a menudo los colocaban junto a objetos personales o herramientas, lo que sugiere una creencia en una vida más allá de la muerte. Estos primeros cementerios muestran que las comunidades tenían un sentido de respeto y honor hacia los fallecidos. Los rituales funerarios también podrían haber fortalecido los lazos sociales, ya que eran momentos de reunión y reflexión para la comunidad. Los entierros eran más que una simple forma de deshacerse de los cuerpos; demostraban un sentido de identidad y pertenencia, indicando que las personas no eran olvidadas, sino que seguían siendo parte de la comunidad. Estos rituales son una de las primeras señales de pensamiento simbólico y espiritualidad en los humanos, aspectos que más tarde evolucionarían en religiones y ceremonias más complejas.

19

La Conexión con la Naturaleza Era Fundamental para Sobrevivir

Para los primeros humanos, la naturaleza era tanto su hogar como su fuente de sustento. Dependían completamente de lo que el entorno les ofrecía para sobrevivir, desde alimentos y refugio hasta materiales para herramientas y ropa. Esta dependencia los llevó a observar y entender los patrones de las estaciones, los ciclos de los animales y las características de las plantas. Esta conexión no solo era práctica, sino que también influyó en sus creencias y costumbres. Por ejemplo, es probable que los humanos de la Edad de Piedra creyeran en espíritus de la naturaleza o en fuerzas invisibles que controlaban el mundo que los rodeaba, lo que luego inspiró los primeros mitos y leyendas.

20

Los primeros humanos inventaron el pegamento usando savia de árboles.

Mucho antes de que existieran las pegatinas y el pegamento en barra, los primeros humanos descubrieron que la savia de ciertos árboles podía usarse como un adhesivo natural.

Mezclaban esta savia pegajosa con ceniza o barro para crear una pasta que usaban para fijar puntas de piedra a lanzas y herramientas. Esta habilidad fue clave para fabricar armas más eficaces para la caza y la defensa, y muestra cómo ya en la Edad de Piedra las personas experimentaban con los recursos a su alrededor para hacer sus vidas un poco más fáciles y seguras.

Los Primeros Pueblos y Civilizaciones

21

Mesopotamia es considerada la cuna de la civilización, donde surgieron las primeras ciudades.

En Mesopotamia, alrededor del 3500 a.C., nacieron las primeras ciudades como Ur y Uruk. Esta región es famosa por el desarrollo de la escritura cuneiforme, la agricultura avanzada y la creación de sistemas de riego. Los pueblos de Mesopotamia también construyeron templos llamados zigurats y desarrollaron códigos legales, como el famoso Código de Hammurabi. Estos avances marcaron un punto de inflexión en la organización social, económica y política de los seres humanos, sentando las bases de la civilización moderna.

22

Las pirámides de Egipto fueron construidas como tumbas impresionantes para los faraones.

Las pirámides, como la Gran Pirámide de Giza, son un símbolo del poder y la capacidad de organización de los egipcios.

Construidas alrededor del 2500 a.C., estas estructuras requerían la coordinación de miles de trabajadores y un conocimiento avanzado de matemáticas y arquitectura. Las pirámides albergaban los cuerpos de los faraones y objetos que los acompañarían en la otra vida, reflejando la fuerte creencia en la vida después de la muerte. El Antiguo Egipto también desarrolló un sistema de escritura conocido como jeroglíficos y avanzadas técnicas de irrigación para el cultivo.

23

La escritura cuneiforme de los sumerios es el sistema de escritura más antiguo conocido.

La escritura cuneiforme se realizaba sobre tablillas de arcilla con un estilete y permitía registrar transacciones comerciales, historias y leyes. Inventada alrededor del 3200 a.C., marcó un gran avance para la humanidad, ya que facilitó la comunicación y la preservación de conocimientos.

Este sistema de escritura fue clave para la administración de las ciudades-estado y para el desarrollo de la literatura, incluyendo epopeyas como "La Epopeya de Gilgamesh". La invención de la escritura también marcó el inicio de la historia registrada, distinguiendo a las sociedades avanzadas de las comunidades prehistóricas.

24

La rueda, inventada en Mesopotamia, transformó el transporte y la alfarería.

El invento de la rueda, inicialmente utilizada para la alfarería y posteriormente aplicada a carros, revolucionó la capacidad de transporte y comercio. Permitió mover cargas pesadas más fácilmente y facilitó el desarrollo de vehículos que mejoraron la movilidad. Este avance fue crucial para el crecimiento de las ciudades y el intercambio entre pueblos. La rueda también impulsó el desarrollo de otras tecnologías y estructuras mecánicas, que sentaron las bases para futuros avances en ingeniería y construcción, demostrando el ingenio y adaptabilidad de las primeras civilizaciones.

25

El Código de Hammurabi es uno de los primeros conjuntos de leyes escritas de la historia.

El rey Hammurabi de Babilonia ordenó redactar un conjunto de leyes que establecían reglas y castigos claros para su pueblo. Estas leyes cubrían aspectos como el comercio, la familia y las disputas legales. La famosa frase "ojo por ojo, diente por diente" proviene de este código.

Su importancia radica en ser uno de los primeros intentos de establecer justicia de manera escrita, asegurando que las normas fueran conocidas por todos y no dependieran solo de la palabra de los gobernantes o jueces.

26

El río Nilo fue el corazón de la civilización egipcia, proporcionando tierras fértiles y agua.

El Nilo es el río más largo del mundo y desempeñó un papel central en la vida de los egipcios.

Cada año, sus inundaciones regulares fertilizaban la tierra, permitiendo cosechas abundantes y sostenibles. Esta riqueza agrícola sostuvo a la civilización egipcia durante miles de años.

Además, el Nilo era una vía de transporte crucial que conectaba diferentes partes de Egipto, facilitando el comercio y la comunicación.

Gracias al Nilo, Egipto pudo desarrollarse como una de las civilizaciones más avanzadas de la antigüedad, destacándose en arte, ciencia y religión.

27

Las ciudades-estado de Sumer, como Ur y Uruk, eran centros políticos y culturales independientes.

Cada ciudad-estado de Sumer tenía su propio gobierno, templo y líder, conocidos como "reyes-sacerdotes". Estas ciudades eran centros de comercio, política y cultura, y competían entre sí por recursos y territorio. Las ciudades sumerias fueron pioneras en la construcción de zigurats, grandes templos escalonados donde adoraban a sus dioses. Este sistema de ciudades-estado influyó en la estructura política de futuras civilizaciones. Sumer también contribuyó con avances en astronomía, matemáticas y literatura, sentando las bases para las culturas que surgirían después en Mesopotamia y más allá.

28

Los jeroglíficos eran el sistema de escritura de los antiguos egipcios, usado en templos y tumbas.

Los jeroglíficos eran símbolos que representaban sonidos y palabras y se usaban en templos, tumbas y documentos importantes. Este sistema de escritura comenzó alrededor del 3100 a.C. y permitió a los egipcios documentar su historia, mitología y prácticas religiosas.

La Piedra de Rosetta, descubierta en 1799, fue clave para descifrar los jeroglíficos, ya que contenía el mismo texto en tres escrituras diferentes. La escritura jeroglífica no solo facilitó la administración de un vasto imperio, sino que también ayudó a preservar sus logros y conocimientos para las futuras generaciones.

29

El comercio fue un motor esencial en la expansión y desarrollo de las primeras civilizaciones.

Las primeras civilizaciones, como Mesopotamia y Egipto, comerciaban productos como grano, textiles, metales preciosos y cerámica. Las rutas comerciales se extendían a lo largo de ríos y caminos, y el intercambio de bienes facilitaba el acceso a recursos que no estaban disponibles localmente. El comercio también fomentó el intercambio cultural y tecnológico, permitiendo la difusión de ideas y conocimientos. Gracias al comercio, estas civilizaciones pudieron prosperar y aumentar su riqueza, lo que a su vez impulsó el desarrollo de nuevas tecnologías y el fortalecimiento de la organización social y económica.

30

El calendario egipcio, basado en las inundaciones del Nilo, ayudaba a planificar la siembra.

El calendario egipcio, creado alrededor del 3000 a.C., era crucial para planificar la siembra y la cosecha. Se dividía en 12 meses de 30 días, con cinco días adicionales al final del año, lo que lo hacía más preciso que otros calendarios de la época. Este avance permitió a los egipcios predecir las inundaciones y organizar sus actividades agrícolas de manera eficiente. El calendario no solo facilitó la vida diaria, sino que también tuvo implicaciones religiosas, ya que se asociaba con las festividades y rituales dedicados a los dioses, reforzando la cohesión cultural.

31

Los zigurats de Mesopotamia eran templos escalonados que simbolizaban la conexión con los dioses.

Construidos con ladrillos de barro, los zigurats eran impresionantes templos escalonados que se alzaban en el centro de las ciudades. Representaban la conexión entre los humanos y los dioses, y se creía que facilitaban la comunicación con las deidades. Cada ciudad-estado tenía su propio zigurat dedicado a su dios principal, y solo los sacerdotes podían acceder a las partes superiores.

Estas estructuras simbolizaban el poder religioso y político y eran un centro de actividad social y ceremonial. Los zigurats inspiraron la arquitectura de futuros templos y palacios en otras culturas de la región y más allá.

32

La agricultura permitió a los humanos pasar de ser nómadas a formar comunidades estables.

La agricultura permitió que los pueblos dejaran de ser nómadas y se asentaran en un solo lugar, creando comunidades estables. Esto ocurrió por primera vez en el llamado "Creciente Fértil", una región que incluía partes de Mesopotamia y Egipto. Cultivar plantas y domesticar animales proporcionó un suministro de alimentos más confiable, lo que llevó al crecimiento de la población y al desarrollo de ciudades. La producción agrícola también permitió la especialización de trabajos, ya que no todos necesitaban dedicarse a la búsqueda de comida. Este avance fue el cimiento de la organización social, la economía y la expansión de las civilizaciones.

33

La religión desempeñaba un papel central en la vida y organización de las primeras civilizaciones.

En Mesopotamia, Egipto y otras regiones, la religión no solo se practicaba de forma privada, sino que era una parte integral de la estructura política y social.

Los dioses estaban asociados con elementos naturales y aspectos de la vida cotidiana, como la lluvia, el sol y la fertilidad. Los faraones egipcios, por ejemplo, eran considerados dioses vivientes, y su poder se justificaba por su conexión divina. Los templos y ceremonias religiosas eran comunes y reunían a la comunidad, reforzando los lazos sociales y la identidad cultural. Esta profunda conexión entre religión y vida cotidiana definió el carácter de las primeras sociedades organizadas.

34

Las primeras civilizaciones realizaron avances importantes en matemáticas y astronomía.

En Mesopotamia y Egipto, las matemáticas se usaban para planificar la agricultura, construir templos y hacer cálculos comerciales. Los egipcios desarrollaron métodos para medir áreas y volúmenes, y los mesopotámicos crearon un sistema numérico basado en el 60, que todavía influye en cómo medimos el tiempo y los ángulos. En astronomía, los pueblos antiguos observaban las estrellas para predecir estaciones y eclipses, lo cual era vital para la agricultura y los rituales religiosos. Estos avances científicos ayudaron a consolidar las civilizaciones y a impulsar su desarrollo cultural y tecnológico.

35

Los sistemas de gobierno centralizados nacieron en Mesopotamia y Egipto, con líderes fuertes.

Con el crecimiento de las ciudades, se hizo necesario crear estructuras de gobierno que mantuvieran el orden y gestionaran los recursos. En Mesopotamia, los reyes-sacerdotes gobernaban con la autoridad de los dioses, mientras que en Egipto, los faraones eran vistos como deidades vivientes. Estos gobiernos centralizados establecieron códigos de leyes, recolectaron impuestos y organizaron grandes proyectos de construcción como canales y templos. La existencia de un liderazgo fuerte y la administración centralizada permitieron la expansión y el mantenimiento de los imperios, sentando las bases para futuros sistemas de gobierno en otras civilizaciones.

36

Las primeras aldeas surgieron alrededor de ríos importantes.

Hace miles de años, muchas de las primeras aldeas y civilizaciones nacieron cerca de grandes ríos, como el Tigris y el Éufrates en Mesopotamia, el Nilo en Egipto, el Indo en India y el Huang He en China.

Estos ríos proporcionaban agua para beber, regar los cultivos y pescar, lo que ayudaba a las aldeas a prosperar. Además, durante las inundaciones anuales, el agua dejaba un suelo rico en nutrientes, ideal para la agricultura. Gracias a estos ríos, las personas pudieron asentarse en un solo lugar, cultivar alimentos y formar las primeras civilizaciones organizadas de la historia.

37

Harappa y Mohenjo-Daro del Valle del Indo destacaron por su planificación urbana avanzada.

Estas ciudades, que florecieron alrededor del 2500 a.C., eran conocidas por sus calles en cuadrícula, sistemas de alcantarillado y edificios de ladrillo cocido. La organización de estas ciudades refleja un nivel de sofisticación que no se encontraba en otras civilizaciones contemporáneas. Las viviendas tenían acceso a agua corriente y baños, lo que sugiere un enfoque en la higiene y la calidad de vida. Este tipo de planificación urbana permitió que estas ciudades fueran habitables y prosperaran por siglos. El Valle del Indo dejó un legado importante en la historia de la arquitectura y la gestión urbana.

38

Las primeras civilizaciones adoraban a múltiples dioses y crearon mitologías ricas y complejas.

En Mesopotamia, los dioses representaban aspectos naturales y emocionales; por ejemplo, Enlil era el dios del viento y Anu el dios del cielo. En Egipto, deidades como Ra, el dios del sol, y Osiris, el dios de la vida y la muerte, eran fundamentales en su religión. Estas creencias influían en la vida cotidiana y se reflejaban en los rituales, templos y festividades. Las historias sobre los dioses enseñaban lecciones morales y explicaban fenómenos naturales, proporcionando un sentido de orden y propósito. La mitología también ayudó a fortalecer la identidad cultural y cohesionó a la sociedad.

39

Los sacerdotes tenían una gran influencia, controlando la religión y la política en las primeras sociedades.

En ciudades como Babilonia y Tebas, los sacerdotes dirigían las ceremonias religiosas, mantenían los templos y eran responsables de las ofrendas y sacrificios.

Estos líderes espirituales eran a menudo tan poderosos como los gobernantes, ya que controlaban el acceso a los dioses y, por lo tanto, influían en las decisiones políticas y económicas. La religión y el gobierno estaban estrechamente vinculados, y los sacerdotes desempeñaban un papel importante en la legitimación del poder de los líderes. Su influencia perduró y se reflejó en las estructuras de poder de muchas culturas posteriores, como Grecia y Roma.

40

Las primeras ciudades tenían muros para protegerse de ataques.

En las primeras civilizaciones, como en Mesopotamia y Egipto, las aldeas crecieron y se convirtieron en ciudades rodeadas de muros altos de piedra o barro. Estos muros no solo definían el espacio de la ciudad, sino que servían como defensa contra posibles invasores y animales salvajes. La ciudad de Jericó, por ejemplo, que existió hace más de 9,000 años, tenía un muro de protección que es considerado uno de los más antiguos del mundo. Estos muros ayudaron a que las ciudades fueran más seguras, permitiendo que sus habitantes pudieran centrarse en el comercio, la agricultura y la construcción de sus civilizaciones.

Los Egipcios y sus Pirámides

41

La Gran Pirámide de Giza es la última de las Siete Maravillas del Mundo Antiguo que aún existe.

Construida para el faraón Keops alrededor del 2580 a.C., la Gran Pirámide es un testimonio del ingenio y la habilidad de los antiguos egipcios. Originalmente cubierta de piedra caliza blanca pulida, brillaba al sol como un faro. Esta pirámide, de aproximadamente 146 metros de altura, fue la estructura más alta del mundo durante más de 3,800 años. La precisión de su construcción y su alineación con los puntos cardinales siguen asombrando a los expertos hoy en día, y su método de construcción aún genera debate y teorías.

42

Las pirámides no fueron construidas por esclavos, sino por trabajadores egipcios.

Contrario a la creencia popular, estudios arqueológicos muestran que las pirámides fueron construidas por obreros que eran bien alimentados y respetados.

Estos trabajadores vivían en campamentos cercanos y recibían comida y alojamiento. Las tumbas encontradas cerca de las pirámides con inscripciones y ofrendas muestran que estos obreros eran honrados por su labor. La construcción de las pirámides era un esfuerzo comunitario, y participar en ella era considerado un honor y un deber hacia el faraón, quien era visto como un dios en la tierra, garantizando la protección divina de la nación.

43

Los egipcios usaron una técnica de rampa para construir las pirámides.

Aunque el método exacto de construcción sigue siendo un misterio, la teoría más aceptada es que los egipcios usaban rampas de barro y piedra para levantar los pesados bloques de piedra. Estas rampas podían ser rectas, en espiral o en zigzag, y permitían a los obreros empujar los bloques hasta la cima. La logística de mover bloques que pesaban entre 2 y 15 toneladas es asombrosa y demuestra un conocimiento avanzado en organización y trabajo en equipo. Este método permitió la construcción de las pirámides en relativamente pocos años, considerando la tecnología de la época.

44

Las pirámides estaban alineadas con precisión con los puntos cardinales.

La Gran Pirámide de Giza está alineada con una precisión casi perfecta hacia el norte geográfico. Los egipcios lograron esta alineación sin brújulas, usando métodos basados en la observación de las estrellas y la posición del sol. Esta capacidad de alineación demuestra el avanzado conocimiento de astronomía que poseían los antiguos egipcios. Esta precisión no solo tenía un propósito práctico, sino también un significado espiritual, ya que creían que la alineación con el cielo conectaba a los faraones con los dioses y les aseguraba un viaje seguro al más allá.

45

Las pirámides eran tumbas diseñadas para ayudar a los faraones en su viaje al más allá.

Los egipcios creían firmemente en la vida después de la muerte y construían las pirámides como tumbas para los faraones, llenándolas de objetos valiosos y provisiones. Estas incluían alimentos, ropa y tesoros que el faraón necesitaría en su vida futura.

Las paredes de las cámaras funerarias estaban decoradas con textos y símbolos que representaban oraciones y hechizos del Libro de los Muertos, diseñados para proteger al faraón y guiarlo en su viaje. La pirámide misma era vista como una escalera simbólica que permitía al alma del faraón ascender al cielo y reunirse con los dioses.

46

Los egipcios creían que el alma se dividía en varias partes.

Los antiguos egipcios pensaban que el alma de una persona se dividía en diferentes partes, como el *ka* (la fuerza vital) y el *ba* (la personalidad). Para que el faraón pudiera disfrutar de la vida eterna, era crucial que el cuerpo fuera preservado, razón por la cual se practicaba la momificación. Las pirámides, como tumbas monumentales, proporcionaban un espacio seguro para el cuerpo momificado y los elementos necesarios para mantener el *ka* y el *ba* juntos. Esto aseguraba que el alma pudiera moverse libremente entre el mundo de los vivos y el de los muertos.

47

La construcción de las pirámides impulsó el desarrollo de herramientas avanzadas.

Para cortar y dar forma a los bloques de piedra caliza y granito utilizados en las pirámides, los egipcios desarrollaron herramientas de cobre y técnicas de pulido avanzadas. También utilizaban martillos de piedra y sierras de cobre con arena como abrasivo para trabajar las piedras más duras. La precisión de las uniones entre los bloques es impresionante y sigue fascinando a los arqueólogos. La necesidad de herramientas más eficientes para la construcción de las pirámides llevó a avances en la metalurgia y la ingeniería, lo que contribuyó al progreso tecnológico de la civilización egipcia.

48

La pirámide escalonada de Zoser fue la primera gran pirámide.

La pirámide de Zoser, construida alrededor del 2630 a.C. por el arquitecto Imhotep, fue la primera pirámide escalonada y marcó un hito en la arquitectura egipcia. Situada en Saqqara, esta estructura fue una evolución de las mastabas, tumbas rectangulares de piedra o ladrillo.

Imhotep tuvo la idea de apilar mastabas unas sobre otras, creando la primera pirámide de Egipto. Esta innovación no solo mostró el poder del faraón Zoser, sino que también inició una era de grandes construcciones que culminó con las pirámides de Giza. Imhotep fue tan venerado que se le consideró un dios de la sabiduría y la medicina.

49

La Gran Esfinge de Giza fue tallada en un solo bloque de piedra caliza.

La Esfinge, una gigantesca estatua con cuerpo de león y rostro humano, se encuentra cerca de las pirámides de Giza y se cree que representa al faraón Kefrén. Tallada en un único bloque de piedra caliza, la Esfinge mide aproximadamente 73 metros de largo y 20 metros de altura. Esta impresionante escultura fue un símbolo de poder y protección para los faraones, asociada al dios solar Ra. La Esfinge ha sobrevivido miles de años de erosión y sigue siendo un misterio para los arqueólogos, quienes aún debaten sobre su fecha exacta de construcción y propósito original.

50

Las pirámides tenían cámaras secretas y pasadizos complejos.

Las pirámides no solo eran monumentos masivos, sino que también contenían cámaras funerarias, pasadizos y salas de almacenamiento. Estas cámaras estaban diseñadas para proteger el cuerpo del faraón y sus tesoros de posibles ladrones. Algunos pasadizos eran falsos o estaban bloqueados con enormes losas de piedra para confundir y detener a los intrusos. La complejidad de las pirámides demuestra el conocimiento arquitectónico y de ingeniería de los antiguos egipcios. Estas medidas de seguridad fueron importantes para proteger los bienes del faraón, ya que se creía que estos objetos le ayudarían a alcanzar la inmortalidad en el más allá.

51

El color original de las pirámides era blanco brillante.

Las pirámides de Giza originalmente estaban cubiertas con bloques de piedra caliza pulida que reflejaban la luz del sol y hacían que las pirámides brillaran desde lejos.

Este revestimiento blanco, ahora casi desaparecido, daba a las pirámides un aspecto aún más majestuoso y divino. Se cree que este brillo simbolizaba la pureza y la conexión del faraón con el dios solar Ra. Con el tiempo, la mayoría de los bloques de revestimiento fueron retirados para construir otras estructuras, pero algunos restos aún se pueden ver en la parte superior de la Pirámide de Kefrén.

52

Los obreros de las pirámides tenían una dieta rica y equilibrada.

Los trabajadores que construían las pirámides eran alimentados con una dieta sustanciosa que incluía pan, cebolla y carne, alimentos considerados valiosos en la antigüedad. Esto aseguraba que tuvieran la fuerza y la energía necesarias para realizar el arduo trabajo de mover y colocar los pesados bloques de piedra. La buena alimentación y el respeto por los obreros muestran que su trabajo era valorado. A menudo, los trabajadores eran enterrados cerca de las pirámides, y sus tumbas contenían inscripciones que destacaban su contribución, lo que refuerza la idea de que construir las pirámides era un acto honorable y prestigioso.

53

Se han encontrado inscripciones de los equipos de trabajo en las pirámides.

En las piedras de las pirámides se han descubierto inscripciones que mencionan a los grupos de trabajadores y sus nombres, como "Los amigos de Keops" o "Los borrachos de Menkaura". Estas marcas indican que los trabajadores se organizaban en equipos y que había un sentido de camaradería y orgullo en su labor. Estas inscripciones sugieren que los obreros eran más que simples trabajadores; se consideraban parte de un proyecto nacional. Este hallazgo también refuerza la idea de que la construcción de las pirámides fue un esfuerzo comunitario y no un trabajo forzado de esclavos.

54

Los egipcios inventaron una mezcla parecida al concreto para construir sus monumentos.

Aunque los bloques de piedra gigantes de las pirámides son impresionantes, los egipcios también usaban una mezcla parecida al concreto, hecha de piedra caliza triturada, arcilla y otros materiales, para unir las piedras y asegurar la estabilidad de sus construcciones.

Este "cemento" primitivo ayudaba a que las estructuras resistieran mejor el paso del tiempo. Los antiguos egipcios fueron pioneros en este tipo de técnicas de construcción, y algunos de sus métodos siguen siendo un misterio para los científicos modernos. Esta innovación es una de las razones por las que sus monumentos han perdurado miles de años.

55

Los egipcios usaban métodos avanzados de matemáticas para construir las pirámides.

La construcción de las pirámides implicaba un profundo conocimiento matemático y geométrico. Los egipcios utilizaban un sistema basado en fracciones y cálculos precisos para medir ángulos y longitudes, lo que les permitía construir estructuras simétricas y estables. La inclinación de las pirámides y la alineación con los puntos cardinales requerían un nivel de precisión asombroso, considerando las herramientas disponibles en la época. Esta habilidad matemática no solo se aplicaba en la arquitectura, sino también en la planificación de la agricultura y la administración de recursos, reflejando el alto nivel de conocimiento técnico de la civilización egipcia.

56

Las pirámides fueron construidas en un lapso sorprendentemente corto.

Aunque las pirámides parecen haber tardado siglos en construirse, se estima que la Gran Pirámide de Giza fue erigida en aproximadamente 20 años. Esto fue posible gracias a una fuerza laboral bien organizada y a un plan de construcción meticuloso. Miles de trabajadores trabajaban en turnos y seguían un sistema de logística que incluía rampas, herramientas y un suministro constante de alimentos y materiales. La eficiencia de la construcción refleja la capacidad de organización de los egipcios y su compromiso con la construcción de monumentos en honor a sus faraones. Este logro sigue siendo una de las hazañas más impresionantes de la humanidad.

57

Los egipcios enterraban pequeños barcos junto a las pirámides para el viaje al más allá.

Junto a algunas pirámides, especialmente las de los faraones, se han encontrado barcos enterrados en cámaras especiales.

Estos barcos, como el famoso "Barco Solar" hallado cerca de la Gran Pirámide de Keops, estaban destinados a ayudar al faraón en su viaje al más allá, donde navegaría por el cielo junto al dios sol, Ra. Estos barcos de madera, cuidadosamente construidos y ensamblados, reflejan la creencia egipcia de que la vida después de la muerte era una continuación del viaje terrenal, y que los faraones necesitarían todos los medios para viajar y protegerse en el otro mundo.

58

Los egipcios colocaban "trampas" en las pirámides para proteger las tumbas.

Para proteger las cámaras funerarias y los tesoros de los faraones de saqueadores, los constructores de las pirámides idearon varias "trampas" y mecanismos de seguridad. Algunas pirámides tenían pasajes falsos y bloques de piedra que podían deslizarse para sellar las entradas o bloquear pasillos después del entierro. Estos trucos estaban diseñados para confundir y disuadir a los posibles ladrones que intentaran entrar a las tumbas. Aunque estas trampas no siempre fueron efectivas, muestran la gran preocupación de los egipcios por proteger a sus faraones en el viaje al más allá y preservar sus riquezas eternamente.

59

Las pirámides tenían sistemas de ventilación para mantener el aire fresco en las cámaras internas.

Algunas de las pirámides, incluida la Gran Pirámide de Guiza, fueron construidas con canales o "conductos de ventilación" que se dirigían desde las cámaras internas hacia el exterior. Aunque su propósito exacto sigue siendo un misterio, se cree que estos conductos ayudaban a regular el flujo de aire dentro de la pirámide, lo cual era fundamental para preservar los cuerpos y los tesoros en su interior. Otros estudios sugieren que estos canales también podrían haber tenido un significado religioso, orientándose hacia ciertas estrellas que los egipcios consideraban importantes para el viaje del faraón al más allá.

60

El legado de las pirámides perdura hasta hoy.

Las pirámides, especialmente la Gran Pirámide de Giza, siguen siendo un símbolo de la ingeniería y el arte de la civilización egipcia. Estas estructuras han resistido miles de años de erosión y saqueos y siguen fascinando a arqueólogos y turistas por igual. El conocimiento matemático, astronómico y de organización que reflejan es un testimonio del ingenio humano.

Las pirámides no solo son monumentos funerarios, sino un recordatorio de la riqueza cultural y espiritual del antiguo Egipto. Su construcción y propósito continúan inspirando estudios y teorías, manteniendo viva la fascinación por esta civilización milenaria.

Los Griegos y su Cultura Fascinante

61

La democracia nació en Atenas.

La democracia, tal como la conocemos, se originó en Atenas alrededor del siglo V a.C. Los ciudadanos atenienses participaban directamente en la toma de decisiones, votando en la Asamblea sobre asuntos importantes. Sin embargo, no todos podían participar: solo los hombres adultos nacidos en Atenas eran considerados ciudadanos. Esta forma temprana de democracia permitió que el pueblo tuviera voz en la política y estableció un precedente para los sistemas de gobierno actuales. Aunque limitada, la democracia ateniense fue un experimento pionero en la participación política que influyó en las futuras sociedades occidentales.

62

Los Juegos Olímpicos comenzaron en la antigua Grecia.

Los primeros Juegos Olímpicos se celebraron en Olimpia en el año 776 a.C. y se realizaban cada cuatro años en honor a Zeus, el dios principal de la mitología griega. Los atletas venían de diferentes ciudades-estado para competir en eventos como carreras, lucha y lanzamiento de disco. Ganar en los juegos era un gran honor, y los vencedores eran recibidos como héroes en sus ciudades. Las competiciones fomentaban la unidad y el orgullo entre los griegos, y las Olimpiadas se convirtieron en un símbolo de la cultura y los valores de la antigua Grecia que aún perduran en los juegos modernos.

63

Los filósofos griegos sentaron las bases del pensamiento occidental.

Filósofos como Sócrates, Platón y Aristóteles transformaron la manera en que los humanos entendían el mundo. Sócrates introdujo el método de la pregunta y respuesta, conocido como método socrático, para estimular el pensamiento crítico.

Platón fundó la Academia de Atenas, la primera institución de educación superior, mientras que Aristóteles escribió sobre múltiples disciplinas, desde biología hasta ética. Estos filósofos no solo influyeron en su época, sino que sus enseñanzas siguen siendo relevantes hoy en día, formando la base de muchas áreas del conocimiento, incluyendo la lógica, la política y la ciencia.

64

El teatro griego fue el origen del drama y la comedia.

Los antiguos griegos inventaron el teatro y lo convirtieron en un evento cultural de gran importancia. Las tragedias y comedias se representaban en teatros al aire libre y abordaban temas como el destino, la moral y las debilidades humanas. Obras de autores como Sófocles, Eurípides y Aristófanes exploraban los dilemas humanos y las críticas sociales. Estas representaciones no solo eran entretenimiento, sino también un medio para educar y reflexionar sobre la vida y la sociedad. El legado del teatro griego perdura en las obras de teatro y películas actuales, que siguen explorando las emociones y conflictos humanos.

65

Los griegos crearon un alfabeto que influyó en otros idiomas.

El alfabeto griego, desarrollado alrededor del siglo IX a.C., fue el primero en incluir vocales, lo que lo hizo más eficiente para escribir. Se basó en el alfabeto fenicio, pero los griegos añadieron signos para representar sonidos vocálicos. Este avance facilitó la escritura de textos literarios y filosóficos y tuvo una gran influencia en otros sistemas de escritura, incluyendo el alfabeto latino que usamos hoy en día. La escritura se convirtió en una herramienta clave para la preservación y difusión de la cultura, permitiendo que las historias, conocimientos y descubrimientos científicos se transmitieran a futuras generaciones.

66

Los dioses griegos reflejaban las virtudes y defectos humanos.

La mitología griega estaba llena de dioses y diosas que personificaban emociones y aspectos de la vida humana.

Zeus, el rey de los dioses, representaba el poder y la justicia, mientras que Atenea simbolizaba la sabiduría y la estrategia. Sin embargo, estos dioses también tenían defectos: eran celosos, vengativos y a menudo actuaban impulsivamente. Estas historias ayudaban a los griegos a comprender la complejidad de la naturaleza humana y ofrecían explicaciones sobre el origen de las cosas y los fenómenos naturales. La mitología griega sigue siendo una fuente de inspiración para la literatura, el arte y la cultura popular.

67

La educación era fundamental en la antigua Grecia, especialmente en Atenas.

Los niños atenienses, especialmente los de familias acomodadas, recibían una educación completa que incluía literatura, filosofía, música y gimnasia. Se consideraba que un ciudadano educado era esencial para el funcionamiento de la democracia. Por otro lado, en Esparta, la educación se enfocaba en el entrenamiento militar desde temprana edad para preparar a los niños como guerreros. Esta dualidad en la educación reflejaba las prioridades de cada ciudad-estado y fomentaba habilidades diferentes. El enfoque en el desarrollo intelectual y físico hizo de la educación griega un modelo admirado y estudiado por las culturas posteriores.

68

El Partenón es el ejemplo más famoso de la arquitectura griega.

Construido en el siglo V a.C. en la Acrópolis de Atenas, el Partenón es un símbolo de la perfección arquitectónica griega. Dedicado a Atenea, la diosa protectora de la ciudad, fue diseñado con una precisión matemática impresionante que incluía detalles como columnas que se inclinan ligeramente hacia adentro para corregir la distorsión óptica. Esta estructura no solo era un templo religioso, sino también una muestra del poder y la riqueza de Atenas en su época dorada. La influencia del Partenón se ve en edificios neoclásicos en todo el mundo, destacando la duradera huella de la arquitectura griega.

69

Los griegos desarrollaron los principios de la geometría.

Matemáticos como Euclides y Pitágoras hicieron avances significativos en la geometría, una rama de las matemáticas que sigue siendo fundamental hoy en día. Euclides escribió "Los Elementos", un libro que compilaba conocimientos geométricos y que fue utilizado como referencia durante siglos.

Pitágoras, por su parte, es conocido por el famoso teorema que lleva su nombre y que relaciona los lados de un triángulo rectángulo. Estos descubrimientos ayudaron no solo en las matemáticas, sino también en la arquitectura, la astronomía y otras áreas del conocimiento. Las contribuciones griegas en geometría sentaron las bases para el desarrollo de la ciencia y la ingeniería.

70

El ágora era el corazón de la vida social y política griega.

En las antiguas ciudades griegas, el ágora era una plaza pública que servía como el centro de la vida comunitaria. Aquí se realizaban reuniones políticas, se discutían asuntos importantes y se llevaban a cabo intercambios comerciales. Los ciudadanos se reunían para escuchar a los oradores, debatir sobre filosofía y discutir políticas, haciendo del ágora un símbolo de la participación cívica y el debate abierto. Este espacio reflejaba la importancia que los griegos daban al intercambio de ideas y la participación activa en la vida pública, principios que son la base de muchas democracias modernas.

71

Las primeras Olimpiadas incluían competencias como el pentatlón y el pancracio.

Los Juegos Olímpicos de la antigua Grecia contaban con deportes que iban más allá de las simples carreras. El pentatlón combinaba cinco disciplinas: salto de longitud, lanzamiento de jabalina, carrera, lanzamiento de disco y lucha. El pancracio, por otro lado, era una mezcla de boxeo y lucha, considerada una de las competencias más exigentes y brutales. Estas pruebas no solo demostraban la fuerza física y habilidad de los atletas, sino también su resistencia y espíritu competitivo. Participar en los juegos era un honor, y los vencedores obtenían fama y reconocimiento en toda Grecia, consolidando su estatus como héroes.

72

El arte griego buscaba la perfección y la belleza idealizada.

Los escultores griegos trabajaban para capturar la perfección del cuerpo humano y representarlo en su forma más ideal.

Obras como el "Discóbolo" de Mirón y las estatuas de dioses y atletas muestran un conocimiento profundo de la anatomía y la proporción. La búsqueda de la belleza ideal se reflejaba también en la simetría y equilibrio de sus obras. Este enfoque influenció el arte y la estética en épocas posteriores, desde el Renacimiento hasta la actualidad. La pasión de los griegos por la belleza y la perfección no solo definió su arte, sino que también marcó la historia del arte occidental.

73

Los antiguos griegos usaban máscaras en el teatro para representar diferentes personajes y emociones.

En el teatro griego, los actores utilizaban máscaras elaboradas para representar a distintos personajes, emociones y hasta dioses. Como la mayoría de las obras se realizaban en grandes anfiteatros al aire libre, estas máscaras permitían que el público, incluso quienes estaban lejos del escenario, identificara fácilmente al personaje y su estado de ánimo. Además, las máscaras ayudaban a los actores a interpretar varios papeles en una misma obra. Este uso de máscaras se convirtió en un símbolo del teatro griego y sentó las bases de muchas tradiciones teatrales que todavía se siguen en la actualidad.

74

El concepto de ciudadanía se originó en Grecia.

La idea de ciudadanía, donde los individuos tienen derechos y responsabilidades dentro de una comunidad, surgió en la antigua Grecia, especialmente en Atenas. Los ciudadanos podían participar en la política, votar y ser parte de la toma de decisiones. Sin embargo, la ciudadanía estaba restringida a hombres libres nacidos en la ciudad; mujeres, esclavos y extranjeros quedaban excluidos. Este concepto influyó en cómo se desarrollaron los sistemas políticos en todo el mundo, sentando las bases para las democracias modernas. La noción de que los ciudadanos deben tener voz y ser responsables de su sociedad perdura hasta el día de hoy.

75

Los griegos creían en oráculos y profecías.

Los antiguos griegos consultaban oráculos para obtener respuestas y predicciones sobre eventos importantes. El oráculo de Delfos, dedicado al dios Apolo, era el más famoso y recibía visitantes de toda Grecia.

Los sacerdotes o sacerdotisas interpretaban las palabras de los dioses y ofrecían consejos que influían en decisiones políticas y militares. Las profecías a menudo eran ambiguas, lo que permitía múltiples interpretaciones. Esta práctica mostraba la importancia de la religión y la creencia en lo sobrenatural en la cultura griega, y reforzaba la idea de que el destino de una persona estaba ligado a la voluntad de los dioses.

76

Los griegos introdujeron el concepto de los Juegos Panhelénicos.

Además de los Juegos Olímpicos, los antiguos griegos celebraban otros juegos panhelénicos, como los Juegos Píticos en Delfos, los Juegos Ístmicos en Corinto y los Juegos Nemeos. Estas competencias reunían a atletas de toda Grecia y promovían la unidad entre las diferentes ciudades-estado. Los Juegos Panhelénicos no solo celebraban la destreza física, sino también la poesía, la música y otras artes, mostrando el aprecio de los griegos por la excelencia en todos los aspectos de la vida. Estas celebraciones contribuían a la paz y al entendimiento mutuo, fortaleciendo la identidad compartida de los griegos como una sola cultura.

77

El papel de la mujer varió entre Atenas y Esparta.

En Atenas, las mujeres tenían un papel limitado y se les esperaba que se ocuparan del hogar y la familia. No participaban en la política ni en eventos públicos y recibían poca educación. En contraste, en Esparta, las mujeres tenían más libertad y se las animaba a hacer ejercicio y mantenerse fuertes para dar a luz a hijos sanos. Las espartanas podían poseer tierras y participar en algunas actividades públicas. Esta diferencia reflejaba los valores y prioridades de cada ciudad-estado y muestra cómo la cultura y el estatus social podían variar significativamente dentro de la antigua Grecia.

78

Los griegos desarrollaron el concepto de las formas de gobierno.

Aristóteles fue uno de los primeros en analizar y clasificar los sistemas de gobierno en su obra "Política". Identificó formas de gobierno como la monarquía, la oligarquía y la democracia, explicando sus ventajas y desventajas.

Este estudio sentó las bases para la teoría política moderna y ayudó a definir la manera en que se organizaron las sociedades posteriores. Aristóteles creía que el mejor gobierno era aquel que buscaba el bien común y no solo los intereses de unos pocos. Su análisis de las formas de gobierno influyó en filósofos y líderes políticos de generaciones posteriores.

79

La medicina griega sentó las bases de la práctica médica moderna.

Hipócrates, conocido como el "padre de la medicina", estableció principios éticos y prácticos que aún se utilizan en la medicina moderna. El Juramento Hipocrático, un compromiso de ética médica, sigue siendo un referente en la práctica de la medicina. Hipócrates promovía la observación detallada y el estudio de los síntomas para diagnosticar enfermedades, alejándose de las creencias sobrenaturales. Creía que la enfermedad tenía causas naturales y debía tratarse con métodos racionales y equilibrados. Este enfoque científico y humanista hacia la salud y el cuidado de los pacientes marcó el inicio de la medicina como una disciplina basada en la evidencia.

80

El legado griego es evidente en la cultura y pensamiento modernos.

La influencia de la antigua Grecia se percibe en diversos aspectos de la vida actual, desde la arquitectura y el arte hasta la política y la filosofía. Los principios de la democracia, el teatro, los Juegos Olímpicos y los estudios de matemáticas y ciencia tienen raíces en la cultura griega. Las historias y mitos griegos siguen siendo fuentes de inspiración en la literatura y el cine. Además, los conceptos de belleza, lógica y ética desarrollados por los griegos continúan siendo estudiados y aplicados en disciplinas contemporáneas. Su legado es una base duradera para la civilización occidental y global.

El Imperio Romano y su Gran Influencia

81

El Imperio Romano fue uno de los más extensos de la historia.

En su apogeo, el Imperio Romano abarcaba desde Gran Bretaña hasta Egipto y desde Hispania hasta Mesopotamia. Este vasto territorio incluía una diversidad de culturas y paisajes. La administración eficiente, el ejército disciplinado y una red de caminos bien construidos permitieron que el Imperio mantuviera el control y la comunicación entre sus provincias. Esta expansión y organización influyeron en el desarrollo de sistemas de gobierno y en la difusión de la cultura romana, dejando una huella indeleble en la historia de Europa y el mundo.

82

Los romanos construyeron una red de caminos impresionante.

Los romanos construyeron más de 80,000 kilómetros de caminos pavimentados que conectaban todo el imperio. Estos caminos no solo facilitaban el transporte de tropas y suministros, sino que también fomentaban el comercio y la comunicación entre las ciudades. El dicho "todos los caminos llevan a Roma" se originó de esta red que unía el vasto territorio bajo control romano. La ingeniería avanzada de estos caminos, con capas de piedra y drenajes eficientes, hizo que muchos de ellos perduraran hasta nuestros días y sirvieran como base para las carreteras modernas en Europa.

83

El latín, la lengua de los romanos, influenció muchos idiomas modernos.

El latín era la lengua oficial del Imperio Romano y se hablaba en todo el territorio.

Después de la caída del imperio, el latín evolucionó y dio origen a las lenguas romances, como el español, el italiano, el francés, el portugués y el rumano. Incluso en el inglés y otros idiomas europeos, se pueden encontrar palabras y raíces latinas. Además, el latín siguió siendo el idioma de la ciencia, la medicina y la iglesia durante siglos. La influencia del latín es evidente en muchos términos legales, científicos y religiosos que aún se usan hoy en día.

84

Los romanos construyeron acueductos para llevar agua a las ciudades.

Los acueductos romanos eran estructuras de ingeniería que transportaban agua desde fuentes lejanas hasta las ciudades. Estos acueductos, construidos con piedra y cemento, recorrían kilómetros y usaban la gravedad para mover el agua. Ejemplos famosos incluyen el acueducto de Segovia en España y el Aqua Appia en Roma. Esta tecnología permitió el desarrollo de baños públicos, fuentes y sistemas de saneamiento, mejorando la higiene y la calidad de vida en las ciudades. La capacidad de llevar agua potable de manera constante a millones de habitantes es una prueba de la avanzada ingeniería romana.

85

El Coliseo fue un centro de entretenimiento masivo.

El Coliseo de Roma, inaugurado en el año 80 d.C., podía albergar hasta 50,000 espectadores y era el anfiteatro más grande del mundo antiguo. Allí se celebraban luchas de gladiadores, representaciones de batallas navales y otros espectáculos públicos. Los gladiadores, algunos esclavos y otros luchadores profesionales, se enfrentaban entre sí o contra animales salvajes. Estos eventos, que a menudo eran sangrientos, formaban parte de la política del "pan y circo" para entretener a la población y mantener la paz social. El Coliseo sigue siendo un símbolo icónico de la grandeza y complejidad de la cultura romana.

86

Los romanos implementaron un sistema de leyes que influyó en las leyes modernas.

El derecho romano es la base de muchos sistemas legales actuales. Su corpus de leyes, incluido el Corpus Juris Civilis de Justiniano, sentó las bases para el desarrollo de conceptos como el derecho a un juicio justo y la presunción de inocencia.

Los romanos establecieron tribunales y procedimientos legales para asegurar que la justicia se aplicara de manera uniforme. Estos principios legales se han adaptado y adoptado en sistemas jurídicos en todo el mundo, especialmente en Europa y América Latina, demostrando la duradera influencia del Imperio Romano en la legislación contemporánea.

87

Los romanos tenían una dieta diversa y sofisticada.

La cocina romana incluía una amplia variedad de alimentos, desde pan y aceitunas hasta exóticos manjares como lenguas de flamenco. Los romanos también disfrutaban de salsas como el garum, un condimento de pescado fermentado muy popular. Las cenas, llamadas cenae, eran eventos importantes que incluían múltiples platos y eran una oportunidad para la socialización. Las élites organizaban banquetes lujosos con música y entretenimiento, mientras que los ciudadanos comunes comían alimentos más sencillos como lentejas y pan. La dieta romana era diversa gracias al comercio y la conquista, lo que permitió la importación de ingredientes de diferentes partes del imperio.

88

El ejército romano era uno de los más disciplinados y efectivos.

El ejército romano fue la clave del éxito en la expansión y mantenimiento del Imperio. Compuesto por legiones de soldados bien entrenados, cada legión podía movilizarse rápidamente y adaptarse a diferentes tipos de combate. Los romanos desarrollaron tácticas militares avanzadas, como la formación de tortuga, que protegía a los soldados durante los ataques. Además, los legionarios eran bien remunerados y recibían tierras tras el servicio, lo que incentivaba la lealtad y el compromiso. La combinación de disciplina, estrategia y tecnología militar hizo que el ejército romano fuera una fuerza temida y respetada durante siglos.

89

Los romanos adoraban a dioses que compartían similitudes con los griegos.

La mitología romana tenía muchas similitudes con la griega, aunque con nombres y algunas diferencias en las historias.

Por ejemplo, el dios romano Júpiter era equivalente a Zeus, Marte a Ares y Venus a Afrodita. Los romanos adaptaron y adoptaron a los dioses griegos, incorporándolos en su propio panteón y mezclándolos con antiguas deidades locales. Estos dioses eran adorados en templos y se les hacían ofrendas y sacrificios. La religión romana influía en todos los aspectos de la vida, desde la política hasta las festividades, y unía a la sociedad bajo un conjunto de creencias comunes.

90

La Pax Romana fue un período de paz y prosperidad.

La Pax Romana, que significa "Paz Romana", fue un período de aproximadamente 200 años de estabilidad y crecimiento bajo el Imperio Romano. Comenzó con el reinado de Augusto en el 27 a.C. y se extendió hasta el siglo II d.C. Durante este tiempo, el imperio experimentó un desarrollo económico y cultural sin precedentes. Las provincias disfrutaron de la protección del ejército romano, lo que permitió el comercio seguro y el intercambio de ideas. Este período de paz fue fundamental para la expansión de la infraestructura, las artes y la difusión del derecho romano en todo el territorio.

91

Los baños públicos eran parte esencial de la vida romana.

Los baños públicos, o thermae, eran lugares de reunión y relajación para los ciudadanos romanos. Ofrecían una combinación de baños fríos y calientes, gimnasios, jardines y espacios de socialización. Las termas más famosas, como las de Caracalla y Diocleciano en Roma, podían albergar a miles de personas al mismo tiempo. Estos baños eran accesibles para todas las clases sociales, promoviendo la higiene y el bienestar en la sociedad romana. También eran un centro de vida social donde se discutían asuntos políticos y se hacían negocios. Las termas reflejan la importancia de la salud y la comunidad en la cultura romana.

92

Los romanos construyeron arcos para celebrar sus victorias.

Los arcos de triunfo eran monumentos erigidos para conmemorar victorias militares y honrar a los emperadores. El Arco de Tito y el Arco de Constantino son ejemplos de estos impresionantes monumentos en Roma.

Decorados con relieves y esculturas, estos arcos contaban historias de batallas y mostraban la grandeza del imperio. Los arcos se construían en lugares estratégicos, como entradas a ciudades o plazas, y servían como recordatorios visuales del poder romano. Este tipo de construcción inspiró la creación de arcos de triunfo en otras culturas, destacando el legado arquitectónico y simbólico de Roma.

93

Los romanos fueron pioneros en el uso del hormigón.

El hormigón romano, conocido como opus caementicium, era una mezcla de ceniza volcánica, cal y agua que se endurecía con el tiempo y era extremadamente resistente. Este material permitió la construcción de estructuras duraderas y complejas, como el Panteón de Roma, cuyo domo de hormigón aún es el más grande del mundo sin refuerzo. El uso de hormigón hizo posible la construcción de edificios, puertos y acueductos más grandes y resistentes que los de otras culturas de la época. La fórmula del hormigón romano fue tan avanzada que muchas de sus estructuras siguen en pie después de más de 2,000 años.

94

El calendario juliano fue introducido por Julio César.

En el año 46 a.C., Julio César reformó el calendario romano, que tenía grandes errores en su cálculo del año solar. Introdujo el calendario juliano, que incluía 365 días divididos en 12 meses y un día extra cada cuatro años, el año bisiesto. Esta reforma corrigió las discrepancias y estableció un calendario más preciso que fue utilizado en Europa durante más de 1,600 años hasta que fue reemplazado por el calendario gregoriano en 1582. La reforma de César demostró la importancia que los romanos daban a la organización y al tiempo, influyendo en la manera en que medimos el año hoy en día.

95

La Vía Apia fue la primera gran carretera de Roma.

La Vía Apia, construida en el siglo IV a.C., fue una de las primeras y más importantes calzadas romanas, conectando Roma con Brindisi, en el sur de Italia. Esta carretera facilitó el movimiento rápido de tropas y el comercio entre regiones, contribuyendo a la expansión y el control del Imperio Romano.

Conocida como la "Reina de las Carreteras", la Vía Apia era un ejemplo de la avanzada ingeniería romana, con capas de piedra que aseguraban su durabilidad. Esta red de caminos fue esencial para mantener la cohesión del imperio y facilitó la comunicación y la administración de las provincias.

96

Los romanos celebraban festividades como las Saturnales.

Las Saturnales eran festividades en honor a Saturno, el dios de la agricultura, y se celebraban en diciembre. Durante estas fiestas, las normas sociales se relajaban: los esclavos podían actuar como sus amos, se intercambiaban regalos y se organizaban banquetes. Este período festivo se caracterizaba por la alegría y la convivencia, y es considerado un precursor de las celebraciones navideñas modernas. Las Saturnales reflejaban la importancia de la agricultura en la vida romana y el deseo de agradecer a los dioses por las cosechas. Esta festividad muestra cómo la religión y la cultura se entrelazaban en la vida romana.

97

Los romanos desarrollaron un avanzado sistema de saneamiento.

El sistema de saneamiento romano incluía alcantarillas como la Cloaca Máxima, una de las más antiguas del mundo, que aún funciona en parte. Las ciudades romanas contaban con redes de agua y drenaje que ayudaban a mantener la limpieza y la higiene. Los baños públicos y las fuentes también contribuían al acceso al agua y a la salud pública. Este enfoque en el saneamiento no solo mejoraba la calidad de vida, sino que también prevenía enfermedades, demostrando la importancia que los romanos daban a la salud y al bienestar. Sus prácticas en infraestructura influenciaron las ciudades modernas y sus sistemas de saneamiento.

98

La arquitectura romana incluyó el uso del arco y la bóveda.

El uso del arco y la bóveda fue una innovación que permitió a los romanos construir estructuras más grandes y resistentes.

Los arcos distribuían el peso de manera eficiente, permitiendo la construcción de puentes y edificios imponentes como el Coliseo y los acueductos. Las bóvedas, por su parte, permitían crear espacios amplios y techados, como en las termas y basílicas. Esta innovación arquitectónica sentó las bases para el desarrollo de edificios más complejos en la historia de la arquitectura. El uso del arco y la bóveda sigue siendo una técnica fundamental en la construcción moderna.

99

Los romanos tenían un complejo sistema de impuestos.

Para financiar sus vastos proyectos de infraestructura, ejército y gobierno, Roma implementó un sistema de impuestos detallado. Las provincias del imperio debían pagar tributos en forma de dinero o bienes, y los recaudadores de impuestos, conocidos como publicani, eran responsables de recogerlos. Este sistema permitía a Roma mantener su expansión y el bienestar de sus ciudadanos, aunque también generaba descontento en las provincias. Los impuestos incluían tasas sobre la tierra, las ventas y otros recursos. El sistema de recaudación de impuestos de los romanos sentó las bases para los sistemas tributarios en muchas naciones actuales.

100

Los romanos usaban un sistema de calefacción llamado hipocausto en sus baños y casas.

Los romanos inventaron el hipocausto, un sistema de calefacción que permitía calentar el suelo y las paredes de sus baños y algunas villas. Este sistema consistía en una cámara de aire bajo el suelo por la que circulaba el calor producido por un horno. A medida que el aire caliente se movía por estas cámaras, calentaba las habitaciones de arriba, proporcionando una temperatura agradable en el frío invierno. El hipocausto fue un invento innovador en la arquitectura romana y muestra cómo los romanos lograron un nivel de comodidad avanzado para su época.

La Antigua China y sus Inventos 101

La pólvora fue un invento accidental de los alquimistas chinos.

La pólvora fue descubierta por alquimistas chinos en el siglo IX mientras buscaban el elixir de la inmortalidad. Mezclando carbón, azufre y salitre, descubrieron una mezcla explosiva. Aunque al principio se usó para fuegos artificiales y ceremonias religiosas, pronto se incorporó a las armas y cambió la guerra para siempre. La pólvora se difundió desde China hacia el resto del mundo, donde transformó la tecnología militar. Este invento no solo mostró el ingenio de la antigua China, sino que también marcó el inicio de una nueva era en la historia de la guerra y la celebración.

102

La brújula permitió a los chinos navegar más allá de sus fronteras.

La brújula fue inventada durante la dinastía Han, alrededor del siglo II a.C., usando una aguja magnetizada que señalaba el norte. Originalmente, se usaba para la geomancia y la adivinación, pero luego se aplicó a la navegación. En la dinastía Song, la brújula se convirtió en una herramienta esencial para los marineros, permitiéndoles explorar y comerciar a largas distancias. Gracias a la brújula, los chinos pudieron expandir sus rutas comerciales y explorar nuevas tierras. Este invento revolucionó la navegación mundial y fue fundamental para el desarrollo de las grandes exploraciones marítimas siglos después.

103

El papel fue inventado por Cai Lun en la dinastía Han.

En el año 105 d.C., el oficial de la corte Cai Lun desarrolló el papel utilizando una mezcla de corteza de árbol, cáñamo y trapos viejos.

Este invento revolucionó la forma de registrar información, facilitando la escritura y la difusión del conocimiento. Antes del papel, los chinos usaban materiales como seda y bambú, que eran costosos y difíciles de manejar. La invención de Cai Lun permitió que los libros y documentos se produjeran más fácilmente, democratizando el acceso a la información. Este avance no solo benefició a China, sino que, al llegar a otras regiones, transformó la cultura escrita mundial.

104

La seda era un secreto bien guardado en la antigua China.

La técnica de producción de la seda fue un secreto celosamente guardado durante siglos en la antigua China. La leyenda dice que la emperatriz Xi Lingshi descubrió cómo hacer seda al observar a un gusano de seda en su jardín. La seda se convirtió en uno de los productos más valiosos de la Ruta de la Seda, una red comercial que conectaba China con Europa y el Medio Oriente. Los métodos para obtener y tejer la seda eran tan importantes que se castigaba con la muerte a quienes revelaran el secreto. Este preciado tejido fue símbolo de riqueza y poder.

105

La imprenta de bloques de madera fue un gran avance en la reproducción de textos.

En la antigua China, alrededor del siglo VII, se desarrolló la imprenta de bloques de madera. Esta técnica permitía reproducir textos de manera rápida y en grandes cantidades. Los caracteres se tallaban en bloques de madera, que luego se entintaban y se presionaban contra el papel. Este método fue esencial para la difusión del conocimiento y la literatura en China, permitiendo la publicación de libros y textos religiosos como el Sutra del Diamante. La imprenta de bloques de madera allanó el camino para el desarrollo de la imprenta moderna y la propagación de ideas y conocimientos.

106

El sismógrafo fue inventado por Zhang Heng en el siglo II d.C.

Zhang Heng, un científico e inventor de la dinastía Han, creó el primer sismógrafo conocido en el año 132 d.C. Este dispositivo, llamado "houfeng didong yi", detectaba terremotos a cientos de kilómetros de distancia.

Consistía en un recipiente de bronce con ocho dragones en el exterior que sostenían bolas de metal. Cuando ocurría un temblor, una de las bolas caía en la boca de un sapo, indicando la dirección del terremoto. Este invento mostró la capacidad de los antiguos chinos para desarrollar tecnologías avanzadas y comprender los fenómenos naturales, destacando su ingenio científico y observación del entorno.

107

El ábaco fue una herramienta esencial para los cálculos en la antigua China.

El ábaco, conocido en China como "suanpan", fue inventado alrededor del siglo II a.C. y era una herramienta esencial para realizar cálculos matemáticos rápidos y precisos. Consistía en un marco con varillas que contenían cuentas deslizables. Esta herramienta permitía a los comerciantes y matemáticos sumar, restar, multiplicar y dividir con facilidad. El ábaco se utilizó durante siglos antes de la llegada de las calculadoras modernas y sigue siendo una herramienta de aprendizaje en algunas regiones. Su invención refleja el enfoque práctico y eficiente de los antiguos chinos hacia las matemáticas y el comercio.

108

La porcelana fue un invento chino que se exportó a todo el mundo.

La porcelana, conocida como "china" en muchos lugares, se inventó durante la dinastía Tang y se perfeccionó en la dinastía Song. Hecha de caolín y otros minerales, la porcelana se distinguía por su blancura y su capacidad de ser moldeada en formas finas y resistentes. Este material era altamente apreciado tanto en China como en el extranjero, y se convirtió en un importante producto de exportación. Las técnicas de fabricación se mantuvieron en secreto durante siglos, lo que hizo que la porcelana china fuera extremadamente valiosa. Este invento demostró la habilidad artística y la innovación tecnológica de los artesanos chinos.

109

El té se popularizó en la antigua China como una bebida especial.

La tradición del té en China comenzó hace más de 4,000 años, según la leyenda, cuando el emperador Shen Nong descubrió accidentalmente sus propiedades al caer hojas de té en agua hirviendo.

Durante la dinastía Tang, el consumo de té se convirtió en una parte esencial de la cultura china y se extendió a otras regiones. Los chinos perfeccionaron el arte de cultivar, procesar y servir el té, y las ceremonias del té se convirtieron en eventos de gran importancia social y espiritual. Este amor por el té no solo influyó en la cultura, sino que también estimuló el comercio internacional.

110

El calendario lunar chino era extremadamente preciso.

El calendario lunar chino, desarrollado hace más de 2,000 años, combinaba el ciclo de la luna y el sol para medir el tiempo. Este calendario es la base del calendario tradicional que aún se usa para celebrar festividades importantes, como el Año Nuevo Chino. Los astrónomos chinos estudiaban cuidadosamente los movimientos celestes y utilizaban observatorios para hacer ajustes al calendario y asegurar su precisión. Este sistema reflejaba la importancia de la observación astronómica en la antigua China y cómo influía en la agricultura, las ceremonias religiosas y las actividades cotidianas. Su precisión influyó en el desarrollo de la astronomía mundial.

111

El sistema de escritura china es uno de los más antiguos que aún se usan.

Los caracteres chinos se originaron hace más de 3,000 años, durante la dinastía Shang. Estos caracteres comenzaron como pictogramas que representaban objetos y conceptos y se desarrollaron en un sistema complejo de escritura logográfica. A diferencia de los alfabetos fonéticos, cada carácter representa una palabra o una idea. Este sistema permitió registrar documentos históricos, literatura y poesía que han perdurado hasta la actualidad. La escritura china unificó la comunicación en un territorio vasto y diverso, y su evolución influyó en los sistemas de escritura de otras culturas del este de Asia, como el japonés y el coreano.

112

La pólvora se utilizó primero para los fuegos artificiales antes de las armas.

Aunque la pólvora cambió el curso de la guerra, en sus inicios se usaba principalmente para fuegos artificiales en festividades religiosas y celebraciones.

Los antiguos chinos creían que los fuegos artificiales ahuyentaban a los espíritus malignos y traían buena suerte. Los estallidos y las luces coloridas se convirtieron en una parte esencial de las celebraciones, como el Año Nuevo Chino. No fue hasta siglos después que la pólvora se utilizó en armas como lanzas de fuego y cañones.

113

Los chinos desarrollaron el primer sistema de impresión con tipos móviles.

Bi Sheng inventó la impresión de tipos móviles en el siglo XI durante la dinastía Song, mucho antes de que Gutenberg introdujera su prensa en Europa. Este sistema utilizaba caracteres de arcilla que podían reorganizarse para formar diferentes páginas, lo que facilitaba la impresión de textos de forma más rápida y eficiente que con los bloques de madera. Aunque la imprenta de tipos móviles no se popularizó tanto en China debido a la complejidad de su escritura, este invento influyó en el desarrollo posterior de la impresión en otras partes del mundo, acelerando la difusión del conocimiento y la educación.

114

La impresión en madera fue inventada en la antigua China para reproducir textos y dibujos.

Mucho antes de la invención de la imprenta en Europa, los antiguos chinos desarrollaron la técnica de impresión en bloques de madera durante la dinastía Tang (alrededor del siglo VII d.C.). Esta técnica consistía en tallar caracteres e imágenes en bloques de madera, cubrirlos con tinta y luego presionarlos sobre papel para reproducir textos y dibujos. Gracias a esta invención, pudieron crear copias de libros, calendarios y obras de arte, facilitando la difusión del conocimiento y la cultura en todo el imperio. Este método de impresión fue un paso fundamental hacia el desarrollo de la impresión moderna.

115

El reloj de agua fue una innovación en la medición del tiempo.

Los chinos inventaron el reloj de agua, conocido como clepsidra, para medir el tiempo con precisión. Utilizaban un flujo constante de agua que caía de un recipiente a otro para marcar el paso de las horas.

Este mecanismo permitió a los antiguos chinos medir el tiempo de manera más exacta y organizar actividades agrícolas, ceremoniales y cotidianas. Algunos de estos relojes se combinaron con engranajes y mecanismos complejos para mostrar las horas de manera visual y sonora. Este invento refleja la habilidad de los chinos para integrar la ingeniería y la observación científica en soluciones prácticas para la vida diaria.

116

La acupuntura es una práctica médica con miles de años de historia.

La acupuntura es una técnica médica que se originó en la antigua China hace más de 2,000 años. Se basa en la inserción de agujas finas en puntos específicos del cuerpo para equilibrar el flujo de energía o *qi*. Los chinos creían que el *qi* fluye a través de meridianos en el cuerpo y que un desequilibrio en este flujo causaba enfermedades. La acupuntura se usaba para tratar diversos males, desde dolores hasta problemas digestivos. Hoy en día, la acupuntura sigue siendo una práctica común en la medicina tradicional china y ha ganado popularidad en todo el mundo como medicina alternativa.

117

La Ruta de la Seda conectaba a China con Europa y otras regiones.

La Ruta de la Seda fue una red de rutas comerciales que unió a China con Europa, Medio Oriente y otras regiones durante siglos. Esta ruta permitió el intercambio de productos valiosos como seda, especias y porcelana, así como ideas, religión y tecnología. La Ruta de la Seda no solo facilitó el comercio, sino que también fomentó el entendimiento y la interacción entre diferentes culturas. Esta red contribuyó al desarrollo de las civilizaciones a lo largo de su recorrido y destacó el papel de China como un centro de innovación, comercio y cultura en la antigüedad.

118

Los antiguos chinos desarrollaron la pólvora para lanzar cohetes.

Los chinos fueron los primeros en usar la pólvora para lanzar cohetes con fines militares. Estos cohetes primitivos, conocidos como "flechas de fuego", se utilizaban en la guerra para asustar a los enemigos y causar daño.

Se trataba de tubos de bambú cargados con pólvora que, al encenderse, propulsaban el cohete hacia el objetivo. Aunque rudimentarios en comparación con las armas modernas, estos cohetes demostraron la creatividad militar de los chinos y su habilidad para aplicar la tecnología de la pólvora en innovaciones bélicas. Esta técnica se difundió y evolucionó en otras partes del mundo, revolucionando las tácticas de guerra.

119

El arte de la caligrafía se consideraba una forma de expresión elevada.

La caligrafía no solo era un medio para escribir, sino que en la antigua China se consideraba un arte refinado que reflejaba la personalidad y la destreza del calígrafo. Usar pinceles y tinta para crear caracteres bellos y expresivos era una habilidad valorada y practicada por eruditos y artistas. La caligrafía estaba vinculada al estudio de los clásicos y la filosofía, y se veía como una manifestación del equilibrio y la armonía interior. Este arte sigue siendo una parte importante de la cultura china y un símbolo de respeto por la historia, la educación y la belleza estética.

120

Los antiguos chinos desarrollaron técnicas de irrigación avanzadas.

Para mejorar la agricultura, los chinos crearon complejos sistemas de irrigación que incluían canales y presas. Estos sistemas permitían controlar el flujo de agua de los ríos hacia los campos, asegurando cosechas más estables y abundantes. El uso de técnicas de irrigación mejoró la productividad agrícola y permitió alimentar a una población en crecimiento. Estos avances no solo beneficiaron la agricultura, sino que también impulsaron el desarrollo de las comunidades y el comercio. Las innovaciones en la gestión del agua demostraron la capacidad de los antiguos chinos para resolver problemas complejos y gestionar recursos naturales de manera eficiente.

Los Vikingos y sus Viajes Asombrosos

121

Los vikingos fueron exploradores expertos que llegaron hasta América.

Los vikingos fueron los primeros europeos en llegar a América, siglos antes de Cristóbal Colón. Alrededor del año 1000 d.C., Leif Erikson, hijo de Erik el Rojo, navegó hasta lo que hoy conocemos como Terranova, en Canadá. Los vikingos llamaron a esta región Vinland debido a la abundancia de uvas y vegetación. Aunque los asentamientos en Vinland fueron temporales, este viaje demuestra la habilidad de los vikingos para explorar y navegar largas distancias en alta mar, desafiando las fronteras conocidas de su tiempo y expandiendo sus dominios más allá de Europa.

122

Los barcos vikingos eran una maravilla de la ingeniería naval.

Los barcos vikingos, conocidos como drakkars o langskip, eran famosos por su diseño rápido y resistente. Con un casco estrecho y poco calado, podían navegar tanto en mar abierto como en ríos y estuarios poco profundos. Estos barcos permitían a los vikingos atacar, comerciar y explorar con rapidez y eficiencia. Decorados a menudo con cabezas de dragón, los drakkars simbolizaban poder y ferocidad. La ingeniería de estas naves contribuyó en gran parte al éxito de los vikingos en sus expediciones, ya que les otorgaba una ventaja considerable sobre otros pueblos en términos de movilidad y sorpresa.

123

Los vikingos exploraron hasta Oriente Medio y Asia Central.

Los vikingos no solo se aventuraron hacia el oeste; también realizaron expediciones hacia el este, llegando hasta el Mar Caspio y ciudades importantes de Oriente Medio.

Estos viajes de exploración y comercio los llevaron a establecer rutas comerciales con el Imperio Bizantino y las regiones de Asia Central. En estos lugares, comerciaban con productos como pieles, ámbar y esclavos, y a cambio adquirían seda, especias y metales preciosos. Esta expansión al este demuestra la red de comercio global en la que los vikingos participaron y cómo su cultura se entrelazó con otras civilizaciones.

124

Los vikingos fundaron la ciudad de Dublín.

En el año 841 d.C., los vikingos fundaron Dublín, que comenzó como un asentamiento fortificado utilizado para el comercio y como base militar. Este puerto se convirtió en un importante centro comercial y uno de los asentamientos vikingos más importantes fuera de Escandinavia. Desde Dublín, los vikingos llevaron a cabo expediciones y establecieron un comercio próspero que incluía productos como esclavos, pieles y metales. La influencia vikinga en Dublín dejó un legado duradero que se refleja en la historia y la cultura de Irlanda, mostrando cómo los vikingos no solo eran invasores, sino también colonos y comerciantes.

125

Los vikingos usaban el Sol y cristales para navegar.

Los vikingos eran expertos navegantes que utilizaban el Sol y un tipo de cristal conocido como "piedra solar" para orientarse en el mar. Estos cristales, probablemente calcita, ayudaban a localizar la posición del Sol incluso en días nublados, al polarizar la luz. Esta técnica permitía a los vikingos mantener un curso preciso durante sus largas travesías oceánicas, incluso cuando la visibilidad era limitada. Gracias a estos conocimientos avanzados en navegación, los vikingos pudieron realizar viajes audaces y explorar nuevas tierras, contribuyendo a su reputación como intrépidos aventureros y hábiles marineros.

126

Los vikingos tenían asentamientos en Groenlandia.

Erik el Rojo fundó un asentamiento en Groenlandia en el año 985 d.C., después de ser exiliado de Islandia. Atrajo a otros colonos con relatos de tierras fértiles y oportunidades de prosperar. Aunque el clima y las condiciones eran extremas, los vikingos lograron establecer una comunidad autosuficiente que perduró durante varios siglos.

Estos asentamientos cultivaban cebada y criaban ganado, además de comerciar marfil de morsa y otros productos con Europa. La colonización de Groenlandia demuestra la capacidad de los vikingos para adaptarse y sobrevivir en entornos inhóspitos, impulsados por su deseo de explorar y asentarse en nuevas tierras.

127

Los vikingos no solo eran guerreros, también eran comerciantes.

Aunque los vikingos son famosos por sus incursiones y saqueos, también eran hábiles comerciantes. Establecieron rutas de comercio que conectaban Escandinavia con el resto de Europa, Oriente Medio y Asia. Comerciaban bienes como pieles, ámbar, madera, esclavos y armas, y a cambio obtenían metales preciosos, especias y productos de lujo. Los vikingos construyeron asentamientos y ciudades comerciales, como Hedeby y Birka, que prosperaron gracias al comercio. Esta faceta de los vikingos muestra su complejidad como pueblo y su capacidad para influir en la economía y la cultura de las regiones con las que interactuaban.

128

Los vikingos utilizaban runas para escribir.

El alfabeto rúnico, conocido como futhark, era el sistema de escritura utilizado por los vikingos. Las runas se tallaban en piedra, madera y metal y se usaban para inscripciones con propósitos variados, desde mensajes conmemorativos hasta encantamientos mágicos. Las inscripciones rúnicas son una fuente invaluable de información sobre la vida, las creencias y las hazañas de los vikingos. El uso de runas demuestra su capacidad de comunicación y la importancia de la tradición oral y escrita en su sociedad. Las runas también se consideraban sagradas y se creía que tenían poder mágico, jugando un papel en rituales y hechizos.

129

Las sagas vikingas narran sus aventuras y mitología.

Las sagas vikingas son relatos que combinan historia, mitología y leyendas. Estas historias, transmitidas oralmente y luego escritas en Islandia en la Edad Media, narran las hazañas de héroes legendarios, reyes y dioses. Las sagas no solo cuentan aventuras y guerras, sino que también ofrecen una visión de la vida cotidiana, las costumbres y las creencias de los vikingos.

Historias como la Saga de Erik el Rojo y la Saga de los Groenlandeses describen sus exploraciones y asentamientos en América. Las sagas siguen siendo una fuente fascinante de información sobre la rica tradición literaria y cultural de los vikingos.

130

Los vikingos tenían una religión rica en mitología.

La mitología vikinga incluía un panteón de dioses como Odín, el dios de la sabiduría y la guerra, y Thor, el dios del trueno. Los vikingos creían en un universo compuesto por varios mundos conectados por Yggdrasil, el árbol de la vida. Las historias mitológicas relataban las hazañas de estos dioses y explicaban fenómenos naturales y valores como el coraje y la lealtad. Los guerreros vikingos anhelaban morir en batalla para ser llevados al Valhalla, donde serían recibidos por las valquirias y disfrutarían de festines eternos. Esta mitología sigue inspirando literatura, películas y series de televisión.

131

Los vikingos llevaron su influencia hasta el Imperio Bizantino.

Muchos vikingos sirvieron como mercenarios en la Guardia Varega del Imperio Bizantino, una unidad de élite que protegía al emperador. Estos guerreros eran valorados por su lealtad y habilidades en combate. A cambio de su servicio, los vikingos adquirían riquezas y conocimientos de otras culturas. La relación entre los vikingos y el Imperio Bizantino muestra su capacidad para integrarse y adaptarse a diferentes contextos políticos y culturales. Esta conexión también facilitó el intercambio de tecnología y costumbres, enriqueciendo tanto a los vikingos como a las regiones donde sirvieron.

132

Los vikingos fundaron el estado medieval de Kievan Rus.

Los vikingos, conocidos como varegos en el este, fundaron asentamientos que se convirtieron en el núcleo del estado de Kievan Rus, en la actual Ucrania y Rusia.

Estos asentamientos comenzaron como puestos comerciales en el siglo IX y evolucionaron en un estado gobernado por dinastías vikingas. Rurik, un líder vikingo, fue el fundador de esta dinastía. Kievan Rus se convirtió en un importante centro de comercio y cultura, con vínculos con el Imperio Bizantino y otras regiones. Esta expansión al este muestra la capacidad de los vikingos para establecer no solo colonias, sino también estados duraderos y prósperos.

133

Las incursiones vikingas eran rápidas y sorpresivas.

Las incursiones vikingas se caracterizaban por su rapidez y sorpresa. Usando sus rápidos barcos, los vikingos podían llegar a las costas, saquear y retirarse antes de que las fuerzas locales tuvieran tiempo de reaccionar. Esta táctica fue especialmente efectiva durante el siglo IX, cuando atacaron monasterios y ciudades costeras en Inglaterra, Irlanda y Francia. Las incursiones no solo proporcionaban riquezas y esclavos, sino que también sembraban el miedo entre sus enemigos. La reputación de los vikingos como temibles guerreros se basaba en estas incursiones, que contribuyeron a su expansión y al control de rutas comerciales estratégicas.

134

Los vikingos establecieron asentamientos en Islandia.

Islandia fue colonizada por los vikingos alrededor del año 874 d.C., liderados por Ingólfur Arnarson, considerado el primer colono permanente. La isla se convirtió en un refugio para aquellos que huían de los conflictos en Noruega y otras regiones escandinavas. Los vikingos introdujeron su cultura, lengua y costumbres en Islandia, donde floreció una sociedad basada en granjas y comercio. La Althing, el parlamento más antiguo del mundo, fue fundado por los vikingos en el año 930 d.C. y sigue existiendo hoy en día. La colonización de Islandia es un ejemplo del espíritu explorador y organizativo de los vikingos.

135

Los vikingos cultivaban y criaban ganado en sus asentamientos.

Contrario a la imagen de meros saqueadores, los vikingos eran también agricultores y ganaderos. En sus asentamientos, cultivaban cereales como cebada, avena y trigo, y criaban ganado, ovejas y cerdos.

La agricultura y la ganadería les permitían tener un suministro de alimentos estable, apoyando tanto la vida en los asentamientos como la preparación de expediciones. Esta autosuficiencia contribuyó al desarrollo de comunidades sostenibles y permitió a los vikingos prosperar en diferentes climas y territorios. Las habilidades agrícolas también ayudaron a mantener la estabilidad económica y la organización social dentro de las comunidades vikingas.

136

La sociedad vikinga valoraba la igualdad y la participación.

Aunque los vikingos tenían una estructura jerárquica, su sociedad permitía una notable participación y cierta igualdad. Los things eran asambleas donde los hombres libres podían discutir y tomar decisiones sobre asuntos importantes, incluyendo disputas y leyes. Estas asambleas se llevaban a cabo en lugares públicos y reflejaban un sistema de gobernanza que valoraba la voz de los miembros de la comunidad. Las mujeres vikingas también gozaban de más derechos que en otras sociedades de la época; podían poseer tierras, heredar propiedades y solicitar el divorcio. Este sistema social contribuyó a una comunidad cohesiva y resiliente.

137

Los funerales vikingos eran ceremonias impresionantes y simbólicas.

Los funerales vikingos reflejaban su profunda creencia en la vida después de la muerte. Los líderes y guerreros importantes eran enterrados con sus armas, joyas y otros objetos valiosos para usarlos en la otra vida. En algunos casos, se construían barcos funerarios que servían como tumbas flotantes o se quemaban en piras funerarias. Estas ceremonias incluían rituales religiosos y sacrificios, y eran un símbolo de respeto y honor hacia el difunto. Los relatos históricos y las excavaciones arqueológicas han revelado que estas prácticas eran comunes y variaban según la región y el estatus social.

138

Los vikingos tenían leyes y códigos de conducta.

A pesar de su reputación como invasores, los vikingos tenían un sistema legal sólido. Las leyes se discutían y se aplicaban en las asambleas locales conocidas como *things*. Los delitos eran castigados con multas, destierro o, en casos extremos, la muerte.

La justicia vikinga se basaba en la compensación y el equilibrio, buscando reparar el daño causado y restaurar la paz en la comunidad. Esta estructura legal ayudaba a mantener el orden y a resolver conflictos de manera pacífica, demostrando que los vikingos valoraban la cohesión social y la justicia tanto como sus habilidades en la batalla.

139

Los barcos vikingos tenían diseños únicos que les permitían navegar en mares y ríos poco profundos.

Los vikingos construían barcos llamados drakkar o barcos largos, famosos por su velocidad y versatilidad. Estos barcos tenían un diseño innovador: eran largos y estrechos, con un fondo plano que les permitía navegar en mares abiertos y también en ríos poco profundos. Gracias a esta característica, los vikingos podían llevar sus embarcaciones hasta el interior de los territorios que exploraban o atacaban, sorprendiendo a sus enemigos. Esta capacidad de moverse fácilmente tanto por mar como por ríos fue clave en sus exitosos viajes de exploración y expansión.

140

Los vikingos desaparecieron gradualmente por la cristianización y la integración.

Con el tiempo, los vikingos comenzaron a integrarse en las sociedades europeas a las que antes habían atacado. La cristianización de Escandinavia y la adopción de nuevos sistemas políticos y económicos contribuyeron al fin de la era vikinga. A medida que los reinos escandinavos se fortalecieron y adoptaron la religión y las estructuras feudales europeas, los ataques vikingos disminuyeron. Los antiguos guerreros se convirtieron en agricultores, comerciantes y gobernantes de territorios establecidos. Esta transformación mostró la capacidad de los vikingos para adaptarse y evolucionar, terminando con su época de expansión, pero dejando un legado cultural y genealógico perdurable.

La Edad Media: Caballeros y Castillos

141

Los castillos eran más que residencias; eran fortalezas defensivas.

Los castillos de la Edad Media no solo servían como hogares para la nobleza, sino que también eran estructuras de defensa estratégicas. Construidos con gruesas murallas, fosos y torres de vigilancia, protegían a los habitantes de ataques enemigos. Los castillos solían estar ubicados en colinas o cerca de ríos para mejorar su posición defensiva. Durante los asedios, los castillos podían resistir semanas o meses gracias a sus reservas de alimentos y agua. Esta combinación de residencia y fortaleza convirtió a los castillos en un símbolo de poder y autoridad durante la Edad Media.

142

Los caballeros seguían un estricto código de honor llamado caballería.

El código de caballería era un conjunto de reglas que regían el comportamiento de los caballeros. Incluía virtudes como la valentía, la lealtad, la generosidad y la protección de los indefensos. Los caballeros debían demostrar su honor tanto en la batalla como en la vida cotidiana, y se les enseñaba a respetar a las damas y a defender a su señor y a su fe cristiana. Aunque el ideal de la caballería a menudo se embellecía en las leyendas y romances medievales, seguía siendo un modelo de conducta que influyó en la cultura y la moral de la época.

143

Las justas eran torneos populares para demostrar habilidades.

Los torneos de justas eran eventos emocionantes en los que los caballeros competían para demostrar su destreza y valentía. Montados a caballo y con lanzas, intentaban derribar a sus oponentes en enfrentamientos uno a uno. Las justas no solo eran una prueba de habilidad, sino también una forma de entretenimiento para la nobleza y el pueblo.

Los vencedores ganaban reconocimiento y recompensas, mientras que los espectadores disfrutaban del espectáculo. Estos torneos ayudaban a los caballeros a mantener sus habilidades en combate y reforzaban la cultura de la caballería, destacando la importancia del honor y la gloria personal.

144

Los castillos medievales evolucionaron en diseño para mejorar su defensa.

Los primeros castillos medievales eran de madera, pero con el tiempo se reemplazaron por estructuras de piedra más resistentes. Estos castillos incluían elementos como torres de flanqueo, fosos y puentes levadizos. Las puertas estaban protegidas por rastrillos y murallas con almenas que permitían a los defensores disparar flechas y verter aceite caliente sobre los atacantes. Las torres de vigilancia permitían una visión amplia del entorno para detectar amenazas con antelación. La arquitectura de los castillos continuó desarrollándose para hacer frente a nuevas tecnologías de asedio, como las catapultas y los arietes, mostrando la constante adaptación de las defensas.

145

Los caballeros comenzaban su entrenamiento desde la infancia.

El camino para convertirse en caballero comenzaba alrededor de los 7 años, cuando los niños de familias nobles se convertían en pajes. Aprendían modales, equitación y el uso básico de armas mientras servían a un noble. A los 14 años, pasaban a ser escuderos, acompañando a un caballero y participando en batallas menores. Durante este período, perfeccionaban sus habilidades de combate y aprendían sobre el código de caballería. Finalmente, a los 21 años, un escudero podía ser nombrado caballero en una ceremonia de investidura, recibiendo su espada y jurando lealtad y protección a su señor y al reino.

146

Los castillos tenían pasadizos secretos y trampas defensivas.

Los castillos medievales contaban con pasadizos secretos y trampas para protegerse de intrusos. Estos pasadizos permitían a los defensores moverse de manera oculta o escapar en caso de que el castillo fuera invadido.

Las trampas incluían puertas falsas, fosos ocultos y pisos trampa que podían hacer caer a los atacantes en agujeros. Estas medidas de seguridad eran esenciales para la defensa durante un asedio y reflejaban la ingeniosidad de los arquitectos de la época. Los castillos estaban diseñados no solo para resistir los ataques, sino también para confundir y debilitar a los enemigos que intentaban invadirlos.

147

La vida en un castillo era más dura de lo que parece.

Aunque los castillos simbolizan riqueza y poder, la vida en su interior no siempre era lujosa. Las habitaciones eran frías y húmedas, y la iluminación provenía de velas y antorchas, lo que generaba humo y un ambiente oscuro. El mobiliario era simple y funcional, y la limpieza era limitada, lo que a menudo provocaba problemas de salud. Los banquetes y festines eran comunes en las salas grandes, pero la vida diaria implicaba una rutina de vigilancia, trabajo y defensa. A pesar de su fortaleza, los castillos también eran vulnerables a enfermedades y plagas que afectaban a sus habitantes.

148

El sistema feudal organizaba la sociedad medieval.

La Edad Media se caracterizó por el sistema feudal, en el que los reyes otorgaban tierras a los nobles a cambio de lealtad y servicios militares. Los nobles, a su vez, daban tierras a los caballeros, quienes las administraban y protegían. Los campesinos, llamados siervos, trabajaban en estas tierras y entregaban parte de sus cosechas a cambio de protección y sustento. Este sistema estructuraba la sociedad en una jerarquía rígida y aseguraba el control de las tierras y la defensa del territorio. El feudalismo moldeó la vida económica y social de la Edad Media, estableciendo relaciones de poder y dependencia.

149

Las murallas de los castillos eran extremadamente gruesas.

Las murallas de los castillos medievales podían tener varios metros de grosor, lo que las hacía prácticamente impenetrables para los atacantes. Estas murallas estaban construidas con piedra y reforzadas con mortero, diseñadas para resistir los embates de catapultas y arietes.

Algunas murallas incluían pasadizos internos, desde donde los defensores podían moverse y atacar sin ser vistos. Las murallas no solo protegían contra ataques directos, sino que también dificultaban los intentos de escalar o perforar. Este diseño defensivo permitía a los castillos resistir asedios prolongados y era un testimonio de la ingeniería militar de la época.

150

Los caballeros usaban armaduras pesadas para protegerse en combate.

Las armaduras de los caballeros medievales evolucionaron desde simples cotas de malla hasta armaduras de placas completas. Estas últimas, que se popularizaron en el siglo XIV, ofrecían una protección superior contra espadas y lanzas. Aunque parecían pesadas, estaban diseñadas para permitir el movimiento en la batalla. Los caballeros llevaban cascos, guanteletes, grebas y petos que cubrían todo el cuerpo. La armadura era un símbolo de estatus y habilidad, y su diseño podía incluir detalles ornamentales que mostraban el rango y la heráldica de su portador. Estas armaduras fueron esenciales para mantener a los caballeros seguros en el campo de batalla.

151

Los castillos servían como centros de gobierno y administración.

Además de ser fortalezas, los castillos eran centros administrativos donde los señores gobernaban sus tierras y gestionaban la justicia local. En los castillos se llevaban a cabo audiencias, juicios y reuniones con los vasallos. Los impuestos y las rentas se recolectaban y almacenaban allí, y las decisiones políticas importantes se tomaban dentro de sus muros. Las salas de banquetes servían como lugares de reunión para discutir estrategias y alianzas. Este papel administrativo hacía de los castillos puntos clave para el control del territorio y el mantenimiento del poder feudal, reforzando la autoridad de los señores y la nobleza.

152

La heráldica identificaba a los caballeros en la batalla.

La heráldica consistía en escudos de armas y símbolos que representaban a familias nobles y caballeros. Estos emblemas se usaban en escudos, banderas y armaduras para identificar a los guerreros en la batalla y en torneos.

Cada escudo de armas era único y reflejaba el linaje, los logros y las alianzas de una familia. La heráldica era esencial para evitar la confusión en el campo de batalla y para mostrar el rango y la reputación del portador. Esta tradición de escudos y emblemas se mantuvo durante siglos y sigue siendo una parte importante del estudio de la historia medieval.

153

Los caballeros llevaban espadas que eran símbolos de su estatus.

La espada de un caballero no solo era un arma, sino un símbolo de poder y nobleza. Estas espadas, forjadas por hábiles herreros, podían ser personalizadas con inscripciones y decoraciones. La ceremonia de investidura, donde un escudero se convertía en caballero, incluía la entrega de una espada, marcando el comienzo de su servicio y compromiso con el código de caballería. Las espadas también se usaban en rituales religiosos y en ceremonias de juramento de lealtad. Cada espada contaba una historia y se pasaba de generación en generación, representando el legado y el honor de la familia del caballero.

154

Los castillos eran autosuficientes durante los asedios.

Durante un asedio, los castillos medievales debían ser autosuficientes para resistir largos períodos de aislamiento. Por eso, incluían elementos como pozos de agua, graneros y áreas de cultivo interno. También tenían ganado y jardines donde se cultivaban hierbas y vegetales. La planificación de los castillos permitía que sus habitantes tuvieran un suministro de alimentos y agua suficiente para aguantar hasta que los atacantes se retiraran o llegaran refuerzos. Esta capacidad de autosuficiencia demostraba la importancia de la preparación y la resiliencia en la vida medieval y aseguraba que el castillo pudiera resistir ataques prolongados.

155

Las almenas protegían a los defensores durante los combates.

Las almenas eran estructuras en la parte superior de las murallas de los castillos, con aberturas que permitían a los defensores disparar flechas o verter líquidos calientes sobre los atacantes mientras se mantenían protegidos.

Estas aberturas, llamadas merlones y huecos, ofrecían una cobertura estratégica, permitiendo a los defensores atacar y retroceder rápidamente. Las almenas ayudaban a minimizar el riesgo de ser alcanzados por proyectiles enemigos y permitían una defensa efectiva de la muralla. Su diseño y función reflejan la atención que los arquitectos medievales ponían en la protección de los castillos y sus defensores.

156

Los castillos eran centros de festividades y banquetes.

Los castillos medievales eran el escenario de grandes festines y celebraciones. Los banquetes incluían platos elaborados como carnes asadas, frutas exóticas y postres endulzados con miel. Estos eventos servían para demostrar el poder y la riqueza del señor del castillo y para fortalecer alianzas políticas y familiares. La música, los trovadores y los espectáculos de juglares eran comunes durante estas festividades. Aunque el propósito principal del castillo era la defensa y la administración, estos momentos festivos eran importantes para la vida social de la nobleza y reforzaban la cohesión entre los miembros de la corte.

157

Los caballeros llevaban cotas de malla antes de las armaduras de placas.

Antes de la aparición de las armaduras de placas, los caballeros usaban cotas de malla, una vestimenta hecha de pequeños anillos de metal entrelazados que ofrecía flexibilidad y protección contra cortes. Las cotas de malla se popularizaron en el siglo XI y proporcionaban una defensa eficaz contra las espadas y las flechas. A pesar de ser pesadas, permitían a los caballeros moverse con más facilidad que las armaduras de placas completas. La cota de malla era un símbolo de estatus y una muestra de la habilidad de los herreros medievales para crear equipo de protección resistente y práctico.

158

Las ventanas de los castillos eran pequeñas por razones defensivas.

Las ventanas de los castillos medievales eran estrechas y pequeñas, especialmente en las torres y murallas, para evitar que los atacantes pudieran entrar o disparar flechas con facilidad.

Estas ventanas, conocidas como saeteras, permitían a los defensores disparar flechas desde el interior mientras permanecían protegidos. Las ventanas pequeñas también ayudaban a mantener el calor dentro del castillo durante el invierno. Este diseño defensivo era esencial para proteger a los habitantes del castillo durante los asedios y muestra cómo la arquitectura medieval equilibraba la funcionalidad con la necesidad de defensa en tiempos de guerra.

159

Las torres de asedio eran una amenaza temida para los castillos.

Durante los asedios, los atacantes construían torres de asedio, estructuras móviles que permitían a los soldados escalar las murallas del castillo. Estas torres eran de madera y podían estar protegidas con pieles húmedas para resistir el fuego. La parte superior de la torre contenía una plataforma que se extendía sobre la muralla, facilitando el ingreso de los soldados al castillo. Para defenderse de estas torres, los habitantes del castillo utilizaban catapultas, flechas y aceite caliente. Las torres de asedio eran un símbolo de la ingeniosidad y la brutalidad de la guerra medieval y la constante lucha por mejorar las tácticas de defensa y ataque.

160

Los caballeros participaban en cruzadas para defender su fe.

Las cruzadas fueron expediciones militares organizadas por la cristiandad occidental entre los siglos XI y XIII para recuperar Jerusalén y otros lugares sagrados del control musulmán. Los caballeros que participaban en las cruzadas veían estas campañas como un deber religioso y una oportunidad de demostrar su valor y obtener gloria y riquezas. Las cruzadas no solo fueron guerras, sino que también fomentaron el intercambio cultural entre Europa y el Medio Oriente, influyendo en la arquitectura, la ciencia y el comercio. Estos eventos marcaron un período significativo de la Edad Media y definieron la identidad de muchos caballeros y reinos.

El Renacimiento y los Grandes Artistas

161

El Renacimiento marcó el resurgimiento del arte y la ciencia en Europa.

El Renacimiento, que comenzó en el siglo XIV en Italia, fue un período de renacimiento cultural que buscó revivir las ideas y valores de la antigüedad clásica. Este movimiento se expandió rápidamente por Europa y promovió avances en arte, literatura, ciencia y filosofía. Inspirados por las obras de la antigua Grecia y Roma, los artistas y pensadores renacentistas pusieron un mayor énfasis en el humanismo, destacando la importancia del individuo y la observación del mundo natural. Este período sentó las bases para el desarrollo de la ciencia moderna y marcó el fin de la Edad Media.

162

Leonardo da Vinci fue un genio polifacético del Renacimiento.

Leonardo da Vinci (1452-1519) es conocido como uno de los grandes genios del Renacimiento. Fue pintor, inventor, científico y músico, entre otras cosas. Sus obras de arte, como *La Mona Lisa* y *La Última Cena*, son icónicas y muestran su habilidad para capturar emociones y detalles realistas. Además, Da Vinci llenó cuadernos con diseños de inventos futuristas, como helicópteros y máquinas voladoras, muchos de los cuales no se construyeron hasta siglos después. Su enfoque multidisciplinario y curiosidad insaciable hicieron de él un símbolo del ideal renacentista, donde el conocimiento y la creatividad se unían de forma armoniosa.

163

Miguel Ángel creó algunas de las obras más famosas de la historia.

Miguel Ángel Buonarroti (1475-1564) fue un escultor, pintor y arquitecto cuya influencia en el arte es incalculable.

Su escultura de David y el conjunto de pinturas al fresco del techo de la Capilla Sixtina en el Vaticano son ejemplos de su destreza artística. La Capilla Sixtina, que representa escenas del Génesis, es conocida por su escala monumental y su detalle meticuloso. Miguel Ángel también diseñó la cúpula de la Basílica de San Pedro en Roma, un ejemplo impresionante de arquitectura renacentista. Sus obras reflejan un profundo conocimiento de la anatomía humana y un talento extraordinario para captar la emoción y la belleza.

164

Rafael fue un maestro de la composición y la perspectiva.

Rafael Sanzio (1483-1520) fue un pintor y arquitecto del Renacimiento italiano, conocido por sus composiciones armoniosas y su uso magistral de la perspectiva. Sus obras, como La Escuela de Atenas, muestran a filósofos y pensadores clásicos en un espacio arquitectónico impresionante y bien proporcionado. Rafael era famoso por su habilidad para capturar la belleza idealizada y la gracia en sus retratos y escenas religiosas. Fue contemporáneo de Leonardo y Miguel Ángel, y su enfoque equilibrado y sereno lo convirtió en una figura clave en el arte renacentista, influyendo en generaciones de artistas posteriores.

165

El Renacimiento comenzó en Florencia, Italia.

Florencia fue la cuna del Renacimiento gracias a su próspera economía y al patrocinio de familias poderosas como los Medici. Esta ciudad se convirtió en un centro cultural donde artistas, escritores y científicos podían desarrollar sus ideas y proyectos. Las contribuciones de Florencia al arte incluyen obras maestras de artistas como Leonardo da Vinci, Miguel Ángel y Botticelli. Además, fue un lugar donde se promovió la ciencia y el pensamiento crítico, lo que permitió avances en matemáticas, anatomía y astronomía. El apoyo de mecenas y la riqueza de la ciudad crearon el entorno ideal para este renacimiento cultural.

166

Sandro Botticelli capturó la mitología y la belleza en sus obras.

Sandro Botticelli (1445-1510) es famoso por sus pinturas que combinan la mitología y la estética renacentista. Sus obras más reconocidas, El nacimiento de Venus y La primavera, muestran figuras gráciles y escenas que evocan la belleza y el simbolismo.

Botticelli trabajó bajo el patrocinio de los Medici, lo que le permitió desarrollar un estilo único que celebraba la naturaleza y los temas mitológicos. Sus pinturas, caracterizadas por líneas fluidas y un uso exquisito del color, representan el renacimiento del interés en la antigüedad clásica y reflejan el espíritu de exploración y redescubrimiento del Renacimiento.

167

El humanismo fue el motor intelectual del Renacimiento.

El humanismo, un movimiento que puso al ser humano en el centro del pensamiento, fue la base intelectual del Renacimiento. Este enfoque promovía el estudio de los clásicos y valoraba la capacidad de los humanos para razonar y aprender. Los humanistas creían en la importancia de la educación para desarrollar el potencial de las personas y fomentaron el estudio de la literatura, la filosofía, la historia y las artes. Esta perspectiva influyó en los artistas y pensadores de la época, alentándolos a observar el mundo natural y representar la figura humana con un realismo sin precedentes.

168

La imprenta revolucionó la difusión del conocimiento en el Renacimiento.

La invención de la imprenta por Johannes Gutenberg en 1440 revolucionó la forma en que se transmitía la información. Antes de la imprenta, los libros se copiaban a mano, lo que los hacía caros y poco accesibles. La imprenta permitió la producción en masa de libros, haciendo que el conocimiento se difundiera rápidamente por Europa. Esta innovación impulsó la alfabetización y el intercambio de ideas, facilitando la difusión de las obras de los pensadores renacentistas. Obras como la Biblia de Gutenberg y los escritos de humanistas como Erasmo de Rotterdam se distribuyeron ampliamente, acelerando el avance de la educación y la ciencia.

169

El arte renacentista introdujo la perspectiva lineal.

Uno de los avances más importantes del arte renacentista fue la perspectiva lineal, una técnica que permitió a los artistas crear la ilusión de profundidad y espacio en sus obras. Esta técnica fue perfeccionada por Filippo Brunelleschi, quien la aplicó en sus diseños arquitectónicos y enseñó su uso a otros artistas.

La perspectiva lineal se basa en líneas que convergen en un punto de fuga, creando una sensación de realismo tridimensional. Pintores como Leonardo da Vinci y Rafael la utilizaron para dar vida a sus escenas y elevar el arte a un nuevo nivel de sofisticación.

170

Donatello fue un pionero de la escultura renacentista.

Donatello (1386-1466) fue un escultor florentino conocido por sus innovadoras obras en bronce y mármol. Su estatua de David fue la primera escultura de un desnudo masculino en pie desde la antigüedad y marcó un hito en la representación realista del cuerpo humano. Donatello también es famoso por sus relieves en bajo y alto relieve, que usaban la técnica de *schiacciato* para crear profundidad en escenas complejas. Sus obras influyeron en otros artistas renacentistas y contribuyeron a revivir la tradición escultórica clásica, destacando su enfoque en la expresión y el movimiento natural de las figuras humanas.

171

El Renacimiento impulsó avances en la anatomía.

Los estudios anatómicos realizados por artistas y científicos del Renacimiento, como Leonardo da Vinci, cambiaron la comprensión del cuerpo humano. Da Vinci diseccionaba cadáveres y registraba con precisión los músculos, huesos y órganos, produciendo detallados dibujos que todavía se consideran ejemplos de excelencia anatómica. Estos estudios ayudaron a los artistas a representar el cuerpo humano de manera más realista en sus obras, contribuyendo a un arte más natural y detallado. La combinación de arte y ciencia en el Renacimiento reflejó la curiosidad y el deseo de los pensadores de la época por explorar y comprender el mundo físico.

172

Los Medici fueron grandes mecenas del arte renacentista.

La familia Medici, poderosa dinastía de banqueros y gobernantes en Florencia, fue una de las mayores impulsoras del Renacimiento. Patrocinaron a artistas como Leonardo da Vinci, Miguel Ángel y Botticelli, así como a pensadores y científicos.

Bajo su mecenazgo, Florencia floreció como un centro cultural donde se crearon algunas de las obras más emblemáticas de la época. El apoyo de los Medici no solo permitió la producción de arte y arquitectura, sino que también fortaleció la reputación de la ciudad como cuna del Renacimiento. Su legado es un recordatorio del poder del patrocinio en la promoción de la cultura y la innovación.

173

El Renacimiento se extendió desde Italia al resto de Europa.

Aunque comenzó en Italia, el Renacimiento se difundió rápidamente a otros países europeos, influyendo en sus culturas y desarrollos artísticos. En el norte de Europa, artistas como Jan van Eyck y Albrecht Dürer adoptaron y adaptaron las técnicas renacentistas, incorporando detalles meticulosos y nuevas ideas. En Inglaterra, el Renacimiento se manifestó en la literatura, destacando obras de William Shakespeare. Esta expansión permitió que las ideas humanistas y los avances artísticos se mezclaran con las tradiciones locales, enriqueciendo la diversidad cultural de Europa y sentando las bases para el desarrollo de la ciencia, la política y la educación.

174

El manierismo surgió como respuesta al alto Renacimiento.

El manierismo fue un movimiento artístico que surgió al final del Renacimiento, alrededor del siglo XVI. Este estilo se caracterizaba por la exageración de las proporciones, la posesión de figuras alargadas y el uso de colores inusuales. Artistas manieristas como El Greco y Pontormo buscaban expresividad y dramatismo, a menudo rompiendo con las reglas de la perspectiva y el realismo del Renacimiento clásico. Este movimiento representaba una transición hacia el Barroco y mostraba la evolución del arte renacentista hacia formas más experimentales y emotivas, reflejando los cambios culturales y sociales de la época.

175

La pintura al óleo se popularizó durante el Renacimiento.

El uso de la pintura al óleo permitió a los artistas renacentistas trabajar con más detalle y profundidad que con los pigmentos tradicionales de temple.

La técnica, que se perfeccionó en los Países Bajos y se extendió a Italia, ofrecía un secado más lento, lo que facilitaba la mezcla de colores y la creación de sombras sutiles. Esto contribuyó a un mayor realismo y al desarrollo del claroscuro, que resalta los contrastes entre luz y sombra. Artistas como Jan van Eyck y Leonardo da Vinci utilizaron el óleo para crear texturas y detalles que dieron vida y riqueza a sus obras.

176

Las cúpulas y arcos fueron elementos clave de la arquitectura renacentista.

La arquitectura renacentista se inspiró en los elementos de la antigua Roma, como las cúpulas, los arcos y las columnas clásicas. Filippo Brunelleschi, arquitecto florentino, fue pionero en este estilo con la construcción de la cúpula de la Catedral de Santa María del Fiore en Florencia, una hazaña de ingeniería sin precedentes en su época. La simetría, la proporción y la perspectiva fueron principios esenciales en la arquitectura renacentista, que buscaba reflejar la armonía y el orden del universo. Este estilo influyó en la construcción de palacios, iglesias y edificios públicos en toda Europa, dejando un legado arquitectónico duradero.

177

La música renacentista introdujo la polifonía compleja.

Durante el Renacimiento, la música evolucionó hacia formas más complejas, destacándose la polifonía, en la que varias líneas melódicas se cantaban o tocaban al mismo tiempo. Compositores como Josquin des Prez y Palestrina desarrollaron esta técnica para crear obras corales que resonaban en catedrales y capillas. La música se volvió más emocional y expresiva, y se componían tanto piezas religiosas como seculares. La imprenta también permitió la difusión de partituras, lo que facilitó la popularización de la música y el intercambio de estilos entre países. Esta revolución musical sentó las bases para el desarrollo de la música barroca.

178

El Renacimiento desafió las ideas tradicionales sobre el universo.

El Renacimiento fue un período de cuestionamiento de las creencias tradicionales, incluido el modelo geocéntrico del universo.

Nicolás Copérnico propuso la teoría heliocéntrica, que situaba al Sol en el centro del sistema solar, desafiando la visión aceptada por la Iglesia. Esta idea fue desarrollada por Galileo Galilei, quien, mediante observaciones telescópicas, confirmó las teorías copernicanas y sentó las bases de la astronomía moderna. Estos avances cambiaron la forma en que la humanidad entendía su lugar en el cosmos y marcaron el inicio de la ciencia moderna, destacando el espíritu investigativo del Renacimiento.

179

El Renacimiento trajo un auge en la literatura y la filosofía.

El Renacimiento fue una época de oro para la literatura y la filosofía. Escritores como Dante Alighieri, con su obra *La Divina Comedia*, y Francesco Petrarca, conocido como el "padre del humanismo", influyeron en generaciones de autores y pensadores. Nicolás Maquiavelo, con *El Príncipe*, introdujo una visión realista de la política y el poder. Estas obras se centraban en el individuo, sus emociones y sus relaciones con la sociedad. La literatura renacentista promovió el estudio del latín y el griego, revalorizando los textos antiguos y abriendo el camino a nuevas ideas sobre la naturaleza humana y el gobierno.

180

El Renacimiento sentó las bases para la Revolución Científica.

La combinación de arte, observación científica y pensamiento crítico durante el Renacimiento preparó el terreno para la Revolución Científica de los siglos XVI y XVII. Los avances en anatomía, astronomía y matemáticas impulsaron a científicos como Galileo, Kepler y Newton a desarrollar teorías que cambiaron la comprensión del mundo. Este período mostró que el arte y la ciencia podían coexistir y alimentarse mutuamente, promoviendo un enfoque más empírico y experimental en el estudio de la naturaleza. La fusión de estas disciplinas durante el Renacimiento transformó la visión del mundo y allanó el camino para la era moderna.

Exploradores y Descubrimientos Asombrosos

181

Cristóbal Colón llegó a América en 1492, pensando que había llegado a Asia.

Cristóbal Colón, un navegante genovés al servicio de los Reyes Católicos de España, partió en 1492 buscando una ruta más corta hacia Asia. En cambio, llegó a lo que hoy conocemos como América, aterrizando en una isla del Caribe. Aunque Colón creía que había alcanzado las Indias, su viaje marcó el inicio de la era de la exploración europea y el contacto con el Nuevo Mundo. Este descubrimiento cambió el curso de la historia, llevando al intercambio de culturas, recursos y tecnologías entre Europa y América en un proceso conocido como el intercambio colombino.

182

Ferdinand Magallanes lideró la primera circunnavegación del mundo.

En 1519, el portugués Ferdinand Magallanes inició un viaje patrocinado por España para encontrar una ruta hacia las Islas de las Especias navegando hacia el oeste. Aunque Magallanes murió en Filipinas en 1521, su expedición, liderada por Juan Sebastián Elcano tras su muerte, completó la primera circunnavegación del globo en 1522. Esta hazaña demostró por primera vez la redondez de la Tierra y la vastedad del océano Pacífico. El viaje fue una proeza de navegación y resistencia que amplió el conocimiento europeo sobre la geografía mundial y marcó un hito en la historia de la exploración.

183

Vasco da Gama fue el primer europeo en llegar a la India por mar.

En 1498, el explorador portugués Vasco da Gama navegó desde Portugal alrededor del Cabo de Buena Esperanza y llegó a la India, abriendo una ruta marítima directa entre Europa y Asia.

Este descubrimiento tuvo un impacto enorme en el comercio mundial, permitiendo a Portugal controlar el lucrativo comercio de especias y expandir su influencia en el Océano Índico. La ruta de Vasco da Gama desafió el monopolio de las rutas terrestres controladas por comerciantes árabes e italianos, transformando la economía y la política de Europa y dando inicio a una era de expansión marítima y colonización.

184

Hernán Cortés conquistó el Imperio Azteca con un pequeño ejército.

En 1519, Hernán Cortés llegó a las costas de México y, con solo unos cientos de hombres y aliados indígenas, logró conquistar el vasto Imperio Azteca liderado por Moctezuma II. La superioridad tecnológica, como el uso de caballos y armas de fuego, junto con enfermedades como la viruela, que devastaron a la población indígena, facilitaron su victoria. La caída de Tenochtitlán en 1521 marcó el inicio del dominio español en América Central y el colapso de una de las civilizaciones más avanzadas del continente. Este evento transformó radicalmente la estructura política y social de la región.

185

Marco Polo describió las maravillas de Asia en su famoso libro.

Marco Polo, un comerciante veneciano, viajó a Asia en el siglo XIII y pasó más de 20 años explorando el Imperio Mongol bajo Kublai Khan. A su regreso a Europa, dictó sus experiencias en El libro de las maravillas, que describía la riqueza, la cultura y las costumbres de Oriente. Aunque algunos contemporáneos dudaban de la veracidad de sus relatos, el libro inspiró a generaciones de exploradores, incluidos Cristóbal Colón. Las descripciones de Polo despertaron el interés europeo por Asia y el deseo de encontrar rutas directas para comerciar con las fabulosas riquezas que describía.

186

Américo Vespucio fue quien identificó a América como un nuevo continente.

Américo Vespucio, un explorador italiano, participó en expediciones a lo que hoy es América del Sur entre 1497 y 1502.

A diferencia de Colón, Vespucio se dio cuenta de que las tierras descubiertas no formaban parte de Asia, sino de un continente completamente nuevo. Sus cartas y descripciones de los viajes llevaron a cartógrafos europeos a nombrar al nuevo continente "América" en su honor. Este reconocimiento fue crucial para que Europa comprendiera la verdadera dimensión del mundo, cambiando la percepción geográfica de la época y estimulando la exploración y el mapeo de estos territorios desconocidos.

187

James Cook cartografió vastas áreas del Pacífico.

James Cook, un capitán de la Royal Navy británica, realizó tres grandes expediciones entre 1768 y 1779. Durante estos viajes, exploró y cartografió partes de Australia, Nueva Zelanda y las islas del Pacífico, además de realizar el primer contacto europeo con Hawai. Cook fue conocido por su habilidad en la cartografía y por ser uno de los primeros en utilizar medidas preventivas contra el escorbuto, una enfermedad común entre los marineros. Sus mapas y descubrimientos mejoraron el conocimiento europeo del Pacífico y establecieron rutas que facilitaron futuras exploraciones y expansiones coloniales.

188

David Livingstone exploró el interior de África en busca de sus fuentes fluviales.

David Livingstone, un misionero y explorador escocés, dedicó su vida a explorar el interior de África en el siglo XIX. Su objetivo era cartografiar el continente y encontrar las fuentes del río Nilo, además de difundir el cristianismo y luchar contra la trata de esclavos. Sus expediciones lo llevaron a descubrir las Cataratas Victoria, a las que llamó en honor a la reina de Inglaterra. Livingstone se convirtió en una figura icónica, y cuando se perdió el contacto con él, el periodista Henry Morton Stanley lideró una famosa expedición de búsqueda, encontrándolo con la frase: "Dr. Livingstone, supongo".

189

Francisco Pizarro conquistó el Imperio Inca.

Francisco Pizarro, un conquistador español, lideró una expedición en 1532 que resultó en la conquista del Imperio Inca, gobernado por Atahualpa. Con un pequeño ejército, Pizarro capturó al emperador en la Batalla de Cajamarca y exigió un enorme rescate en oro y plata, que se convirtió en uno de los botines más grandes de la historia.

Sin embargo, tras recibir el rescate, Pizarro ejecutó a Atahualpa y tomó control de Cuzco, la capital inca. Esta conquista marcó el inicio del dominio español en la región andina y la caída de una de las civilizaciones más avanzadas de América.

190

Zheng He fue un explorador chino que navegó por Asia y África.

Zheng He, un almirante y explorador chino de la dinastía Ming, lideró siete grandes expediciones marítimas entre 1405 y 1433. Sus flotas, compuestas por gigantescos barcos conocidos como juncos del tesoro, navegaron por el Océano Índico, llegando a lugares tan lejanos como África Oriental, el Golfo Pérsico y el Sudeste Asiático. Zheng He llevó a cabo intercambios culturales y comerciales, presentando productos y regalos chinos a los gobernantes extranjeros y trayendo de vuelta objetos exóticos a China. Sus viajes demostraron el poderío naval y la capacidad de exploración de China, aunque fueron descontinuados tras su muerte.

191

Hernán Cortés y sus hombres fueron sorprendidos al ver por primera vez la gran ciudad de Tenochtitlán.

Cuando Hernán Cortés y sus soldados españoles llegaron a Tenochtitlán en 1519, quedaron asombrados ante la enorme ciudad azteca construida en medio de un lago, con templos, canales, puentes y una población de cientos de miles de personas. Para los exploradores europeos, Tenochtitlán superaba en tamaño y organización a muchas ciudades europeas de la época. La ciudad tenía avanzados sistemas de agricultura en chinampas (islas flotantes) y mercados llenos de bienes de todo el imperio azteca. Esta majestuosa ciudad impresionó tanto a los españoles que describieron su visita como si hubieran entrado en una ciudad de ensueño.

192

Henry Hudson exploró los ríos y bahías del noreste de América.

Henry Hudson, un navegante inglés, llevó a cabo varias expediciones a principios del siglo XVII en busca de un paso hacia Asia a través del Ártico.

Durante sus viajes, exploró la bahía de Hudson y el río que ahora lleva su nombre, estableciendo las bases para el reclamo holandés en lo que hoy es Nueva York. Aunque nunca encontró la ansiada ruta hacia Asia, sus exploraciones ayudaron a mapear el noreste de América del Norte y abrieron el camino para la colonización europea en esas áreas. Hudson desapareció en su último viaje tras un motín de su tripulación.

193

Juan Sebastián Elcano completó la primera vuelta al mundo.

Tras la muerte de Magallanes en Filipinas, Juan Sebastián Elcano asumió el mando de la expedición y llevó la única nave restante, la Victoria, de regreso a España en 1522. Esta travesía demostró que la Tierra era redonda y confirmó la vasta extensión de los océanos. El regreso de Elcano y su tripulación marcó un hito en la historia de la navegación y la exploración, completando la primera circunnavegación del planeta. Este logro no solo tuvo implicaciones geográficas, sino que también abrió nuevas rutas para el comercio de especias y otras mercancías valiosas.

194

Lewis y Clark exploraron el oeste de Estados Unidos.

Meriwether Lewis y William Clark lideraron una expedición entre 1804 y 1806 para explorar el territorio recientemente adquirido de Luisiana y buscar una ruta hacia el Pacífico. Con la ayuda de la guía indígena Sacagawea, la expedición cartografió el terreno, documentó flora y fauna y estableció relaciones con tribus nativas. La expedición de Lewis y Clark fue fundamental para expandir el conocimiento sobre el oeste estadounidense y facilitó la futura expansión hacia el oeste. Sus descubrimientos y diarios detallados proporcionaron una base invaluable de información sobre las vastas tierras al oeste del río Misisipi.

195

Roald Amundsen fue el primer explorador en llegar al Polo Sur.

En 1911, el explorador noruego Roald Amundsen lideró una expedición que se convirtió en la primera en llegar al Polo Sur. Superando al equipo británico de Robert Falcon Scott, Amundsen y su equipo utilizaron técnicas de esquí y perros de trineo para completar el arduo viaje a través del continente helado.

Su éxito se debió a su meticulosa planificación y a su experiencia previa en regiones polares. Amundsen es también conocido por ser el primer en navegar por el Paso del Noroeste. Su expedición al Polo Sur consolidó su reputación como uno de los exploradores más grandes de la historia.

196

Jacques Cartier exploró el río San Lorenzo en Canadá.

El explorador francés Jacques Cartier realizó tres viajes al Nuevo Mundo entre 1534 y 1542, explorando el río San Lorenzo y estableciendo contacto con los pueblos indígenas. Cartier reclamó la región para Francia y fue el primero en cartografiar áreas del actual Canadá, sentando las bases para futuras colonias francesas. Aunque no encontró la ruta hacia Asia que buscaba, su exploración proporcionó a Europa un mejor entendimiento de la geografía de América del Norte. Las interacciones con los pueblos indígenas y la descripción del territorio fueron cruciales para la expansión de la influencia europea en la región.

197

Alexander von Humboldt exploró América y contribuyó al conocimiento científico.

Alexander von Humboldt, naturalista y explorador alemán, emprendió una expedición a América del Sur y Central a finales del siglo XVIII. Sus observaciones sobre la geografía, el clima, la flora y la fauna revolucionaron la ciencia de la época. Humboldt fue pionero en la idea de que los sistemas naturales están interconectados y documentó las similitudes entre las regiones tropicales de diferentes continentes. Sus trabajos, como Viaje a las regiones equinocciales del Nuevo Continente, influyeron en Charles Darwin y en el desarrollo de la biogeografía. Humboldt es recordado como uno de los padres de la ecología moderna.

198

Francis Drake circunnavegó el mundo y desafió a España.

Sir Francis Drake, un explorador y corsario inglés, se hizo famoso por circunnavegar el mundo entre 1577 y 1580. Durante su viaje, asaltó puertos y barcos españoles, lo que le valió el título de héroe en Inglaterra y de pirata en España.

Esta expedición no solo demostró la capacidad de Inglaterra para competir en los mares, sino que también influyó en el conflicto anglo-español. Drake fue el primer inglés en completar la circunnavegación, y su viaje contribuyó al prestigio marítimo de Inglaterra, abriendo el camino para su futura expansión naval y colonial.

199

Robert Peary afirmó ser el primero en llegar al Polo Norte.

En 1909, el explorador estadounidense Robert Peary afirmó haber llegado al Polo Norte, acompañado por Matthew Henson y un equipo de guías inuit. Aunque su logro fue celebrado en su tiempo, la precisión de su ubicación ha sido cuestionada en las décadas posteriores debido a la falta de pruebas concluyentes y las limitaciones de los métodos de navegación de la época. A pesar de la controversia, Peary es reconocido por sus exploraciones extensas en el Ártico y por haber establecido rutas y técnicas que influyeron en futuras expediciones polares.

200

Ibn Battuta fue uno de los exploradores más grandes del mundo islámico y viajó durante casi 30 años.

El explorador marroquí Ibn Battuta emprendió un increíble viaje en el siglo XIV, recorriendo más de 120,000 kilómetros y visitando regiones que abarcan desde África del Norte y Oriente Medio hasta la India, China y el sudeste asiático. Durante casi 30 años, exploró vastas áreas del mundo islámico y más allá, documentando sus experiencias en un libro llamado Rihla o El viaje. Ibn Battuta no solo observó las culturas y costumbres locales, sino que también relató detalles sobre la economía, las ciudades y las religiones de los lugares que visitó, convirtiéndose en una de las mayores fuentes históricas sobre la vida en esa época.

Los Primeros Inventos de la Ciencia Moderna

201

El telescopio revolucionó la observación astronómica.

El telescopio, inventado a principios del siglo XVII, permitió a los científicos observar el cielo con mayor detalle. Galileo Galilei mejoró el diseño del telescopio y, en 1609, fue el primero en usarlo para observar los cielos. Sus descubrimientos, como las lunas de Júpiter y las fases de Venus, apoyaron la teoría heliocéntrica de Copérnico, desafiando las ideas tradicionales de la época. Este invento no solo transformó la astronomía, sino que también marcó un cambio en la forma en que los humanos entendían su lugar en el universo, fomentando una era de exploración y descubrimientos científicos.

202

El microscopio permitió descubrir el mundo invisible.

El microscopio fue desarrollado en el siglo XVI por los holandeses Hans y Zacharias Janssen. Sin embargo, fue Anton van Leeuwenhoek, en el siglo XVII, quien perfeccionó el diseño y descubrió organismos microscópicos, como bacterias y protozoos, a los que llamó "animálculos". Este invento revolucionó la biología y la medicina al permitir a los científicos observar organismos y células invisibles a simple vista. Gracias al microscopio, se pudieron realizar avances importantes en el estudio de la microbiología y la comprensión de enfermedades, sentando las bases para futuras investigaciones científicas en el ámbito de la salud y la biología.

203

El termómetro permitió medir la temperatura con precisión.

El termómetro, desarrollado en el siglo XVII, se atribuye a Galileo Galilei, quien creó un termoscopio que medía cambios de temperatura sin escala numérica.

Más tarde, en 1714, Daniel Gabriel Fahrenheit inventó el termómetro de mercurio, que incluía una escala precisa. Este instrumento permitió por primera vez medir la temperatura de forma exacta, lo que fue esencial para estudios en meteorología, física y medicina. El termómetro ayudó a los científicos a entender mejor los cambios de temperatura y su efecto en los fenómenos naturales, impulsando la investigación en diferentes áreas científicas y la vida cotidiana.

204

El barómetro revolucionó la predicción del clima.

El barómetro fue inventado en 1643 por Evangelista Torricelli, un discípulo de Galileo. Este instrumento mide la presión atmosférica y es fundamental para predecir cambios en el clima. Torricelli descubrió que la presión del aire podía sostener una columna de mercurio en un tubo invertido, lo que llevó al desarrollo del primer barómetro de mercurio. Este invento permitió a los científicos y meteorólogos estudiar las condiciones atmosféricas y comprender mejor los fenómenos climáticos, como las tormentas y los cambios de presión. La invención del barómetro fue un avance clave en la meteorología y la ciencia del clima.

205

La imprenta revolucionó la difusión del conocimiento.

Aunque inventada en el siglo XV por Johannes Gutenberg, la imprenta marcó el inicio de la ciencia moderna al facilitar la difusión de textos científicos y literarios. Con la imprenta, libros como la Biblia de Gutenberg y obras científicas de Copérnico y Galileo pudieron distribuirse ampliamente. Esto democratizó el acceso al conocimiento y fomentó el intercambio de ideas entre científicos y pensadores de diferentes regiones. La imprenta aceleró el desarrollo de la educación y el progreso científico, contribuyendo al Renacimiento y a la Revolución Científica al permitir que más personas accedieran a información y descubrimientos recientes.

206

El reloj mecánico cambió la percepción del tiempo.

El reloj mecánico, que comenzó a desarrollarse en la Europa medieval y se perfeccionó en el siglo XIV, permitió medir el tiempo con mayor precisión.

Los primeros relojes públicos instalados en torres ayudaron a regular la vida diaria en las ciudades y a organizar el trabajo y las actividades comerciales. Estos dispositivos representaron un cambio importante en la forma en que la humanidad percibía el tiempo, pasando de un concepto más natural, basado en el sol y las estaciones, a uno más preciso y controlado. Esta invención sentó las bases para avances en astronomía, navegación y la coordinación de actividades humanas.

207

La máquina de vapor impulsó la Revolución Industrial.

La máquina de vapor, perfeccionada por James Watt en el siglo XVIII, fue un invento revolucionario que transformó la industria y el transporte. Aunque el concepto original fue desarrollado por Thomas Newcomen en 1712, Watt mejoró su eficiencia y la hizo viable para el uso industrial. Esta máquina convirtió el calor en energía mecánica, impulsando fábricas, minas y trenes. La máquina de vapor marcó el comienzo de la Revolución Industrial, permitiendo una producción en masa más rápida y el desarrollo de nuevas tecnologías y medios de transporte, lo que cambió drásticamente la economía y la sociedad.

208

La brújula magnética facilitó la navegación marítima.

Inventada en China durante la dinastía Han y perfeccionada en Europa en la Edad Media, la brújula magnética revolucionó la navegación. Este invento permitió a los marineros orientarse en mar abierto, sin depender exclusivamente de las estrellas o la costa. La brújula facilitó exploraciones como las de Cristóbal Colón y Vasco da Gama, abriendo nuevas rutas comerciales y de descubrimiento. Gracias a la brújula, las naciones europeas expandieron sus fronteras, lo que impulsó la exploración global, el intercambio de culturas y la colonización. Este instrumento fue esencial para la era de los descubrimientos y el comercio marítimo.

209

El telescopio refractor permitió observar las estrellas con mayor detalle.

El telescopio refractor, desarrollado por Galileo Galilei en 1609 a partir de un diseño holandés, cambió la forma en que la humanidad observaba el universo.

Galileo fue el primero en usarlo para ver los cráteres de la Luna, las fases de Venus y las lunas de Júpiter, desafiando la idea geocéntrica de que la Tierra era el centro del universo. Estos descubrimientos apoyaron la teoría heliocéntrica de Copérnico y fomentaron un cambio radical en la astronomía y la ciencia. El telescopio refractor abrió el camino para futuras observaciones astronómicas y sentó las bases de la astronomía moderna.

210

La pólvora cambió la guerra y la tecnología militar.

Inventada en China durante el siglo IX, la pólvora fue llevada a Europa en la Edad Media y transformó la tecnología militar. Su uso permitió el desarrollo de armas de fuego, cañones y explosivos que cambiaron las tácticas de guerra. Las fortalezas y castillos medievales se volvieron vulnerables a los cañones, lo que llevó a un rediseño de las estructuras defensivas. La introducción de la pólvora marcó el fin de la era de las armas blancas y el inicio de una nueva etapa en la historia militar. Este invento no solo afectó la guerra, sino que también impulsó la minería y la ingeniería.

211

La electricidad estática fue estudiada por primera vez en el siglo XVII.

William Gilbert, un médico inglés, es considerado el pionero en el estudio de la electricidad estática a finales del siglo XVI. En su obra *De Magnete,* Gilbert acuñó el término "electricidad" y realizó experimentos con objetos electrizados, sentando las bases para la comprensión de los fenómenos eléctricos. Más tarde, Otto von Guericke creó la primera máquina electrostática, que generaba carga eléctrica mediante fricción. Estos estudios iniciales sobre la electricidad fueron el preludio de descubrimientos posteriores que llevaron a los avances en la generación y el uso de la electricidad, que revolucionaron la ciencia y la tecnología en los siglos siguientes.

212

El globo aerostático permitió a los humanos volar por primera vez.

En 1783, los hermanos Montgolfier, inventores franceses, lanzaron el primer globo aerostático tripulado. Este globo, hecho de tela y papel y calentado con aire caliente, voló sobre París y marcó el inicio de la aviación.

El éxito de los hermanos Montgolfier inspiró a otros a experimentar con globos de hidrógeno y a soñar con la conquista del cielo. El globo aerostático fue un avance importante en la exploración aérea y un precursor de los aviones modernos. Esta invención también fomentó la investigación en la meteorología y la física del aire, sentando las bases para el desarrollo de la aeronáutica.

213

El pararrayos fue inventado por Benjamin Franklin en el siglo XVIII.

Benjamin Franklin, científico e inventor estadounidense, descubrió la naturaleza eléctrica de los rayos y desarrolló el pararrayos para proteger edificios de las descargas eléctricas. En 1752, llevó a cabo su famoso experimento con una cometa durante una tormenta, demostrando que los rayos eran una forma de electricidad. El pararrayos consiste en una vara metálica que atrae los rayos y los dirige de manera segura hacia el suelo, evitando daños a las estructuras. Este invento fue un avance en la comprensión de la electricidad y un paso importante en la protección contra desastres naturales, mostrando la utilidad práctica de la ciencia.

214

El astrolabio fue fundamental para la navegación antigua.

El astrolabio, un instrumento que data de la antigüedad griega y fue perfeccionado por los astrónomos árabes en la Edad Media, se usaba para medir la posición de las estrellas y el Sol. Los marineros europeos lo adoptaron durante el Renacimiento, y se convirtió en una herramienta esencial para la navegación y la cartografía. El astrolabio permitía calcular la latitud en alta mar y ayudaba a trazar rutas marítimas más precisas. Este instrumento contribuyó al auge de la exploración durante los siglos XV y XVI y fue un precursor de las tecnologías de navegación más avanzadas, como el sextante.

215

La máquina de calcular de Pascal fue un precursor de las computadoras.

En 1642, el matemático y filósofo Blaise Pascal inventó la Pascalina, una máquina de calcular mecánica que podía sumar y restar números. Este dispositivo, considerado la primera calculadora mecánica, usaba engranajes y ruedas para realizar operaciones aritméticas.

Aunque la Pascalina no tuvo un uso generalizado en su tiempo, fue un avance importante en el desarrollo de las tecnologías de cómputo y sentó las bases para inventos posteriores, como la máquina de diferencias de Charles Babbage y las computadoras modernas. Este invento demostró cómo las ideas matemáticas podían aplicarse a dispositivos mecánicos para facilitar el cálculo.

216

El fonógrafo fue el primer dispositivo para grabar y reproducir sonido.

Thomas Edison inventó el fonógrafo en 1877, revolucionando la forma en que las personas interactuaban con la música y la voz grabada. El fonógrafo utilizaba un cilindro cubierto de papel de aluminio que giraba mientras una aguja grababa surcos en su superficie. Estos surcos podían luego ser reproducidos al pasar una aguja sobre ellos, lo que generaba sonido. Este invento marcó el comienzo de la industria de la grabación de sonido y abrió el camino para desarrollos futuros, como los discos de vinilo y los sistemas de grabación digital. El fonógrafo cambió la cultura popular y la forma en que se disfrutaba la música.

217

El telescopio reflector fue un avance en la observación astronómica.

Isaac Newton inventó el telescopio reflector en 1668, utilizando espejos en lugar de lentes para recoger y enfocar la luz. Este diseño eliminó la distorsión cromática, un problema común en los telescopios refractores de la época. El telescopio reflector permitió observar objetos celestes con mayor claridad y se convirtió en una herramienta fundamental para la astronomía. La invención de Newton marcó un punto de inflexión en la observación astronómica y llevó a la creación de telescopios más avanzados, como los que se utilizan hoy en día en observatorios y telescopios espaciales.

218

El generador eléctrico de Faraday sentó las bases de la electricidad moderna.

En 1831, Michael Faraday descubrió la inducción electromagnética, demostrando que un campo magnético variable puede generar una corriente eléctrica. Este principio llevó al desarrollo del primer generador eléctrico, que consistía en un disco de cobre que giraba entre los polos de un imán.

Este invento fue fundamental para el desarrollo de motores eléctricos y sistemas de generación de energía. El descubrimiento de Faraday marcó el comienzo de la electrificación y permitió la creación de tecnologías que cambiaron la vida cotidiana, desde la iluminación hasta los electrodomésticos y los transportes eléctricos.

219

El descubrimiento del vacío por Torricelli fue un avance clave en la física.

Evangelista Torricelli, alumno de Galileo, descubrió el vacío en 1643 al inventar el barómetro de mercurio. En su experimento, observó que al invertir un tubo lleno de mercurio en un recipiente, quedaba un espacio sin aire en la parte superior del tubo. Este vacío demostraba que el aire tenía peso y presión, desafiando las ideas antiguas de que el vacío no podía existir. El experimento de Torricelli no solo llevó al desarrollo del barómetro, sino que también abrió camino para estudios sobre la presión atmosférica y el vacío, influyendo en áreas como la física de fluidos y la meteorología.

220

La lámpara incandescente iluminó el mundo moderno.

La invención de la lámpara incandescente por Thomas Edison en 1879 marcó un cambio en la forma en que las personas usaban la luz. Aunque otros inventores, como Joseph Swan, habían trabajado en versiones anteriores, Edison desarrolló una bombilla práctica y duradera que podía usarse en hogares y edificios. Este invento permitió que la electricidad se convirtiera en una fuente de luz común y cambió la manera en que la gente vivía y trabajaba, extendiendo las horas activas del día. La lámpara incandescente también impulsó la expansión de las redes eléctricas y el desarrollo de la industria de la iluminación.

La Revolución Industrial y sus Cambios

221

La Revolución Industrial comenzó en Inglaterra en el siglo XVIII.

La Revolución Industrial tuvo su inicio en Inglaterra a mediados del siglo XVIII y se extendió al resto de Europa y América. Factores como la abundancia de carbón, avances en tecnología y una economía fuerte facilitaron el desarrollo de nuevas máquinas y métodos de producción. Este cambio marcó el paso de una economía agraria a una basada en la industria y la manufactura. Inglaterra se convirtió en el centro de innovación y producción, sentando las bases para el desarrollo de industrias como la textil y la metalúrgica, que impulsaron el crecimiento económico y el desarrollo urbano.

222

La máquina de vapor fue un motor de la Revolución Industrial.

La mejora de la máquina de vapor por James Watt en 1769 fue fundamental para la Revolución Industrial. Esta invención permitió el uso eficiente de la energía del vapor para mover maquinaria en fábricas, minas y trenes. La máquina de vapor sustituyó a las fuentes de energía tradicionales, como el agua y los animales, y permitió una producción más rápida y a mayor escala. Gracias a ella, las fábricas ya no dependían de la proximidad a los ríos, lo que facilitó la expansión industrial y urbana. La máquina de vapor se convirtió en un símbolo de la era industrial.

223

La industria textil fue la primera en ser revolucionada.

La industria textil experimentó avances significativos con la invención de máquinas como la spinning jenny de James Hargreaves y el telar mecánico de Edmund Cartwright.

Estas máquinas permitieron producir telas a gran escala y con mayor rapidez, reduciendo los costos de producción y aumentando la disponibilidad de ropa. La mecanización de la industria textil impulsó la creación de fábricas que reunían a cientos de trabajadores en un solo lugar, lo que cambió la estructura del trabajo y la vida laboral. Esta transformación fue el punto de partida para el crecimiento de otras industrias y la expansión económica.

224

El ferrocarril revolucionó el transporte y la economía.

La construcción de ferrocarriles transformó el transporte durante la Revolución Industrial, permitiendo el movimiento rápido y económico de mercancías y personas. La primera línea de ferrocarril en el mundo, que conectaba Liverpool y Mánchester, se inauguró en 1830 y marcó el inicio de una red de trenes que se expandió rápidamente. Los ferrocarriles impulsaron el comercio al facilitar el acceso a materias primas y mercados lejanos, y contribuyeron al desarrollo de ciudades y regiones industriales. Esta mejora en la infraestructura fomentó la movilidad social y económica y fortaleció la interconexión de las economías nacionales e internacionales.

225

Las ciudades crecieron rápidamente debido a la industrialización.

El auge de las fábricas y el trabajo industrial atrajo a miles de personas del campo a las ciudades, en busca de empleo y mejores oportunidades. Esto llevó a un crecimiento urbano acelerado, convirtiendo pueblos en grandes centros industriales, como Mánchester y Birmingham. Sin embargo, este crecimiento no planificado trajo consigo problemas de hacinamiento, falta de infraestructura y condiciones insalubres. Las viviendas eran pequeñas y las condiciones de vida, difíciles. A pesar de las dificultades, el crecimiento urbano permitió la expansión de nuevas oportunidades laborales y el desarrollo de una clase trabajadora urbana.

226

El trabajo infantil era común en las fábricas.

Durante la Revolución Industrial, el trabajo infantil se volvió una práctica habitual en fábricas, minas y talleres. Los niños trabajaban largas jornadas de hasta 14 horas, a menudo en condiciones peligrosas y sin medidas de seguridad.

Eran contratados porque podían realizar tareas que requerían cuerpos pequeños y sus salarios eran mucho más bajos que los de los adultos. Las condiciones difíciles llevaron a la creación de movimientos sociales que exigieron reformas laborales. Esto resultó, con el tiempo, en leyes que limitaron el trabajo infantil y mejoraron las condiciones laborales en general, sentando las bases de la legislación laboral moderna.

227

La Revolución Industrial trajo avances en medicina y salud pública.

El crecimiento de las ciudades y el aumento de la población llevaron a la necesidad de mejorar las condiciones de vida y la atención médica. La Revolución Industrial fomentó avances en la medicina y la higiene pública, como el descubrimiento de vacunas y la mejora de la cirugía. El médico inglés Edward Jenner desarrolló la primera vacuna contra la viruela en 1796, lo que ayudó a combatir esta enfermedad mortal. También se implementaron sistemas de alcantarillado y suministro de agua potable en las ciudades, reduciendo la propagación de enfermedades y mejorando la salud de la población urbana.

228

La energía eléctrica empezó a usarse durante la Revolución Industrial.

A finales del siglo XIX, la invención del generador eléctrico por Michael Faraday y los desarrollos en la generación de electricidad permitieron que esta se utilizara como una fuente de energía industrial y doméstica. Thomas Edison inventó la bombilla incandescente en 1879, lo que hizo que la iluminación eléctrica se volviera más accesible y segura. La electricidad impulsó la creación de nuevas máquinas y tecnologías que revolucionaron la producción y la vida diaria. Las fábricas y los hogares pudieron operar de manera más eficiente, y la iluminación nocturna cambió la forma en que las personas trabajaban y vivían.

229

La comunicación mejoró con la invención del telégrafo.

El telégrafo, desarrollado por Samuel Morse en la década de 1830, revolucionó la comunicación al permitir enviar mensajes a largas distancias de forma rápida y eficiente.

Este invento utilizaba un sistema de señales eléctricas y el código Morse, que permitía transmitir letras y números. El telégrafo conectó ciudades y países, facilitando el comercio, las finanzas y la coordinación de actividades. También fue crucial para la expansión de las redes ferroviarias y el control de los movimientos militares. La invención del telégrafo marcó el comienzo de la era de las telecomunicaciones y sentó las bases para el teléfono y otras tecnologías.

230

Las condiciones de trabajo eran extremadamente duras.

Los trabajadores industriales enfrentaban largas jornadas laborales, generalmente de 12 a 16 horas al día, seis días a la semana. Las condiciones en las fábricas eran peligrosas, con poca ventilación y maquinaria sin medidas de seguridad. Los accidentes eran comunes y los salarios eran bajos. La falta de derechos laborales y el trato inhumano impulsaron movimientos de protesta y la formación de sindicatos que exigían mejoras en las condiciones de trabajo. Estos movimientos llevaron a reformas laborales que introdujeron jornadas más cortas, mejores condiciones y el reconocimiento de los derechos de los trabajadores, sentando las bases de la protección laboral moderna.

231

El carbón fue la principal fuente de energía de la época.

El carbón alimentó las máquinas de vapor y otras industrias durante la Revolución Industrial. Las minas de carbón se expandieron rápidamente para satisfacer la creciente demanda, lo que llevó a un auge en la minería. Sin embargo, la extracción de carbón era peligrosa, y los mineros enfrentaban condiciones extremas y frecuentes accidentes. La dependencia del carbón también provocó problemas ambientales, como la contaminación del aire y el aumento de las emisiones de carbono. A pesar de sus desventajas, el carbón fue un pilar esencial para el desarrollo industrial y económico de la época.

232

La Revolución Industrial impulsó la producción en masa.

La invención de maquinaria avanzada permitió la producción en masa de bienes, lo que redujo los costos de producción y aumentó la disponibilidad de productos para la población. La producción en masa transformó industrias como la textil, la metalúrgica y la alimentaria.

La eficiencia de las fábricas significó que productos como ropa, utensilios de cocina y herramientas estuvieran al alcance de más personas, lo que cambió los hábitos de consumo y fomentó el crecimiento de una economía de mercado. Este proceso también llevó al desarrollo de nuevas técnicas de gestión y a la especialización del trabajo.

233

El sistema de fábricas reemplazó la producción artesanal.

Antes de la Revolución Industrial, la producción de bienes era mayoritariamente artesanal, realizada por pequeños talleres o en el hogar. Con la introducción de máquinas y fábricas, la producción se centralizó, lo que permitió producir más rápido y a mayor escala. El sistema de fábricas también llevó a una mayor división del trabajo, donde los trabajadores realizaban tareas específicas en lugar de fabricar un producto completo. Aunque esto mejoró la eficiencia, redujo la autonomía de los trabajadores y los convirtió en parte de un proceso más grande, lo que cambió la estructura de la fuerza laboral y las dinámicas de trabajo.

234

La Revolución Industrial fomentó la innovación tecnológica.

El desarrollo de la máquina de vapor y otras tecnologías impulsó una ola de innovación. Inventos como la máquina de hilar, el telar mecánico, y más tarde, la locomotora, transformaron la manera en que se producían y transportaban los bienes. Este período vio un aumento en las patentes y en el interés por mejorar los procesos de fabricación y la tecnología existente. La competencia entre industrias y países para mejorar sus métodos de producción llevó a avances en ingeniería y ciencia que sentaron las bases para la era moderna de la tecnología y la innovación.

235

La Revolución Industrial cambió la estructura social.

La industrialización provocó el surgimiento de una nueva clase social: la clase trabajadora industrial. Las personas dejaron sus trabajos agrícolas y se trasladaron a las ciudades en busca de empleo en las fábricas. Al mismo tiempo, una clase media de empresarios y comerciantes prosperó, ganando poder económico y político.

Las brechas entre ricos y pobres se hicieron más evidentes, lo que llevó a tensiones sociales y demandas de reformas. Este cambio en la estructura social también impulsó movimientos políticos y reformas que abogaban por mejores condiciones laborales y derechos para los trabajadores.

236

La contaminación aumentó con la industrialización.

La Revolución Industrial trajo un aumento considerable en la contaminación del aire y del agua. Las fábricas y las plantas de energía que quemaban carbón liberaban grandes cantidades de humo y hollín, afectando la salud de los trabajadores y los habitantes urbanos. Los ríos y arroyos se contaminaban con desechos industriales, lo que provocaba enfermedades y daños al medio ambiente. Este período marcó el inicio de los problemas ambientales a gran escala, y aunque la industria trajo progreso, también dejó un impacto negativo en el entorno. Estos problemas sentaron las bases para la futura concienciación y regulación ambiental.

237

El surgimiento de los sindicatos cambió las condiciones laborales durante la Revolución Industrial.

Con las duras condiciones de trabajo en fábricas y minas, los trabajadores comenzaron a unirse y formar sindicatos para proteger sus derechos y exigir mejores condiciones laborales. A partir del siglo XIX, los sindicatos organizaron huelgas y protestas para pedir salarios justos, jornadas laborales más cortas y medidas de seguridad en el trabajo. En muchos países, estos movimientos lograron que se promulgaran leyes que mejoraron las condiciones de trabajo y dieron a los trabajadores una voz en las decisiones laborales. Este avance fue clave para el desarrollo de los derechos laborales y la protección de los empleados en todo el mundo.

238

Las mujeres comenzaron a trabajar en las fábricas.

Durante la Revolución Industrial, muchas mujeres ingresaron al mercado laboral, trabajando en fábricas textiles y otras industrias. Aunque esto les dio una fuente de ingresos, las condiciones laborales eran duras y los salarios bajos.

Las mujeres trabajaban jornadas largas y enfrentaban riesgos de salud y seguridad en el trabajo. Este cambio marcó el inicio de la participación femenina en la industria, y aunque al principio las condiciones eran desiguales, abrió camino para futuras demandas de igualdad y derechos laborales. Las mujeres también jugaron un papel crucial en los movimientos de reforma que pedían mejores condiciones de trabajo.

239

El capitalismo industrial surgió y cambió la economía.

La Revolución Industrial dio lugar al capitalismo industrial, donde los empresarios invertían en fábricas y maquinaria para aumentar la producción y obtener beneficios. Este sistema impulsó la competencia y la innovación, pero también llevó a la concentración de riqueza en manos de unos pocos. La producción en masa y la búsqueda de mayores ganancias a menudo se realizaban a expensas de los trabajadores, lo que llevó a una creciente desigualdad social. Este nuevo modelo económico influyó en la creación de teorías económicas y políticas, como las de Karl Marx, que cuestionaban las condiciones laborales y la distribución de la riqueza.

240

Las leyes laborales surgieron como respuesta a los abusos.

Las condiciones extremas de trabajo durante la Revolución Industrial llevaron a la creación de leyes laborales. En el siglo XIX, movimientos sindicales y reformas sociales comenzaron a exigir jornadas de trabajo más cortas, salarios justos y la prohibición del trabajo infantil. Una de las primeras leyes importantes fue la Factory Act de 1833 en Inglaterra, que limitaba las horas de trabajo de los niños y mejoraba las condiciones laborales. Estas reformas fueron el comienzo de la legislación laboral moderna, que protegía los derechos de los trabajadores y sentaba las bases para un sistema laboral más equitativo y regulado.

La Época de los Grandes Inventos del Siglo XIX

241

La máquina de escribir permitió una escritura más rápida y legible en oficinas y hogares.

Inventada en el siglo XIX y perfeccionada por Christopher Latham Sholes en 1868, la máquina de escribir cambió la forma en que se redactaban documentos. Este dispositivo permitió a las personas escribir con mayor rapidez y de manera uniforme, lo que facilitó la creación de contratos, cartas y textos oficiales. La máquina de escribir se convirtió en una herramienta clave en oficinas y hogares, dando lugar a la profesionalización de trabajos como el de mecanógrafo. Además, marcó el inicio de tecnologías de escritura mecanizada, que evolucionaron hasta los teclados y procesadores de texto que usamos hoy.

242

La Revolución Industrial impulsó el desarrollo de la educación pública y gratuita.

Con el crecimiento de las fábricas y la demanda de trabajadores con habilidades básicas, surgió la necesidad de una fuerza laboral alfabetizada. A medida que la industria avanzaba, los gobiernos y la sociedad reconocieron la importancia de educar a los niños para mejorar la productividad y el bienestar general. Así, a finales del siglo XIX, varios países comenzaron a implementar sistemas de educación pública gratuita y obligatoria, como en el Reino Unido, Francia y Estados Unidos. Este cambio ayudó a reducir el trabajo infantil, brindó nuevas oportunidades a las futuras generaciones y sentó las bases de la educación moderna.

243

El motor de combustión interna impulsó el desarrollo de vehículos.

El motor de combustión interna, perfeccionado por Nikolaus Otto en 1876, utilizaba la combustión de combustible para mover pistones y generar energía mecánica.

Este motor se convirtió en la base de la tecnología de automóviles y otros vehículos, reemplazando a las máquinas de vapor en muchas aplicaciones. Otto diseñó un motor de cuatro tiempos que resultó más eficiente y compacto que sus predecesores, sentando las bases para la industria automotriz moderna. Esta innovación facilitó el desarrollo de vehículos motorizados y permitió la movilidad masiva, transformando la forma en que las personas y mercancías se desplazaban por el mundo.

244

El teléfono cambió la forma de comunicarse.

Alexander Graham Bell patentó el teléfono en 1876, permitiendo que las personas pudieran hablar a larga distancia. Este invento revolucionó la comunicación al hacer posible la transmisión de voz mediante cables. La invención del teléfono no solo facilitó la conexión instantánea entre individuos, sino que también impulsó el desarrollo de las telecomunicaciones y la infraestructura de redes. Pronto, se crearon compañías telefónicas que extendieron líneas por todo el mundo, cambiando para siempre las interacciones personales y comerciales. El teléfono marcó el comienzo de una era de comunicación más rápida y accesible, influyendo en la globalización.

245

La máquina de coser facilitó la producción textil.

La máquina de coser, perfeccionada por Isaac Singer en 1851, permitió una costura más rápida y eficiente que la realizada a mano. Este invento revolucionó la industria textil al acelerar la producción de ropa y otros productos de tela, lo que redujo los costos y aumentó la disponibilidad de prendas de vestir. Las máquinas de coser no solo beneficiaron a las fábricas, sino que también se hicieron populares en los hogares, permitiendo a las familias coser y reparar su propia ropa. Este avance marcó un cambio en la moda y la industria de la confección, contribuyendo a la economía.

246

El proceso de Bessemer cambió la producción de acero.

Henry Bessemer desarrolló en 1856 un método innovador para convertir el hierro en acero de manera más rápida y económica. El proceso de Bessemer permitía eliminar impurezas del hierro fundido mediante la inyección de aire, lo que resultaba en un acero más resistente y menos costoso.

Este avance transformó la industria de la construcción y la fabricación, permitiendo la creación de rascacielos, puentes y ferrocarriles más sólidos. La producción masiva de acero impulsó la Revolución Industrial y facilitó otros inventos del siglo XIX, como maquinaria pesada y barcos de metal, contribuyendo al desarrollo económico global.

247

La Revolución Industrial trajo consigo el desarrollo de los primeros sistemas de alcantarillado urbano.

Con el crecimiento rápido de las ciudades durante la Revolución Industrial, las condiciones de vida se deterioraron y las enfermedades, como el cólera, se propagaban rápidamente debido a la falta de saneamiento. Para mejorar la salud pública, muchas ciudades europeas empezaron a construir sistemas de alcantarillado en la segunda mitad del siglo XIX. Londres, por ejemplo, desarrolló un sistema avanzado de alcantarillas diseñado por el ingeniero Joseph Bazalgette, que ayudó a reducir la propagación de enfermedades y mejoró la higiene urbana. Estos sistemas de alcantarillado sentaron las bases de los modernos servicios de saneamiento que hoy son esenciales para la vida en las ciudades.

248

La dinamo sentó las bases para la generación de electricidad.

Michael Faraday descubrió en 1831 la inducción electromagnética, y más tarde Werner von Siemens desarrolló la dinamo, un dispositivo que convertía la energía mecánica en energía eléctrica. Esta invención permitió la generación de electricidad de forma continua, lo que impulsó el uso de la electricidad en fábricas y hogares. La dinamo fue esencial para el desarrollo de centrales eléctricas y el suministro de energía a gran escala, facilitando el uso de motores eléctricos y maquinaria industrial. Este avance transformó la industria y la vida diaria, allanando el camino para la electrificación global y el desarrollo de nuevas tecnologías.

249

El automóvil moderno comenzó a desarrollarse a finales del siglo XIX.

En 1886, Karl Benz construyó el primer automóvil con motor de combustión interna, considerado el precursor del coche moderno. Este vehículo, el Benz Patent-Motorwagen, usaba un motor de gasolina y marcó el inicio de la industria automotriz.

El automóvil permitió una mayor movilidad y transformó la infraestructura, llevando a la construcción de carreteras y al desarrollo de ciudades y suburbios. La invención de Benz fue seguida por otros innovadores como Henry Ford, quien introdujo la producción en masa de automóviles, haciendo que los vehículos fueran accesibles para un público más amplio y cambiando el transporte para siempre.

250

La bicicleta se popularizó como medio de transporte.

La bicicleta moderna, conocida como "bicicleta de seguridad", fue desarrollada en 1885 por John Kemp Starley. Era más estable y segura que sus predecesoras, como el velocípedo y el penny-farthing. La bicicleta ofreció un medio de transporte accesible y eficiente que no dependía de animales ni combustibles, lo que la hizo popular entre todas las clases sociales. La popularidad de la bicicleta fomentó la mejora de las carreteras y contribuyó al cambio social al brindar a las personas una forma de moverse con mayor libertad. Este invento también influyó en el diseño de futuros vehículos y en la promoción del ejercicio.

251

El submarino se desarrolló para la exploración y la guerra.

El siglo XIX vio el desarrollo de los primeros submarinos funcionales, como el Nautilus de Robert Fulton y el H. L. Hunley, que se utilizó en la Guerra Civil Americana. Aunque primitivos, estos submarinos demostraron que la navegación bajo el agua era posible. Los avances en la tecnología de submarinos llevaron a su uso en la guerra y la exploración marina en el siglo XX. Estos primeros modelos impulsaron la investigación en propulsión y sistemas de navegación subacuática, sentando las bases para los submarinos modernos que desempeñan roles importantes en la defensa y la investigación oceánica.

252

El refrigerador transformó la conservación de alimentos.

El desarrollo de la refrigeración mecánica en el siglo XIX, por inventores como John Gorrie y Carl von Linde, revolucionó la forma en que se conservaban los alimentos.

Antes de este invento, la gente dependía de métodos tradicionales como el ahumado, la salazón y la conservación en hielo. El refrigerador mecánico permitió que los alimentos se mantuvieran frescos por más tiempo, lo que cambió las prácticas de almacenamiento y transporte de alimentos. Esto facilitó el comercio de productos perecederos y mejoró la calidad de vida al ofrecer acceso a alimentos más seguros y variados durante todo el año.

253

La Revolución Industrial popularizó la iluminación con lámparas de gas en ciudades.

Durante el siglo XIX, la iluminación pública dio un gran salto con la introducción de lámparas de gas en las calles de las principales ciudades europeas y americanas. Londres fue una de las primeras en instalar este tipo de iluminación en 1807, transformando la vida nocturna urbana y aumentando la seguridad en las calles. Las lámparas de gas también se introdujeron en hogares, fábricas y teatros, extendiendo las horas activas del día. Aunque eventualmente fueron reemplazadas por la electricidad, las lámparas de gas marcaron el inicio de la modernización de las ciudades y mejoraron la vida urbana en la época de la Revolución Industrial.

254

La anestesia revolucionó la cirugía moderna.

En el siglo XIX, la introducción de la anestesia transformó la cirugía, que hasta entonces era un procedimiento doloroso y traumático. En 1846, se realizó la primera cirugía con éter en Estados Unidos, demostrando que los pacientes podían ser operados sin dolor. Posteriormente, se introdujeron otros anestésicos como el cloroformo. Estos avances permitieron realizar operaciones más complejas y prolongadas, mejorando los resultados y reduciendo el sufrimiento de los pacientes. La anestesia marcó un hito en la medicina y facilitó el desarrollo de la cirugía moderna, que se convirtió en una práctica más segura y menos temida.

255

La fotografía permitió capturar imágenes reales.

La fotografía fue desarrollada en el siglo XIX, con la invención del daguerrotipo por Louis Daguerre en 1839. Este método permitía capturar imágenes detalladas en placas de metal, marcando el inicio de la fotografía moderna.

La capacidad de capturar momentos y personas cambió la forma en que se documentaba la historia, la ciencia y la vida cotidiana. La fotografía se convirtió en una herramienta valiosa en la investigación científica, el periodismo y el arte. Con el tiempo, los métodos fotográficos evolucionaron, permitiendo la impresión en papel y la popularización de la fotografía entre el público en general.

256

La locomotora de vapor transformó el transporte terrestre.

La primera locomotora de vapor fue construida por George Stephenson en 1814, y su diseño se utilizó para el primer ferrocarril de pasajeros en 1825. Este invento revolucionó el transporte al permitir el movimiento rápido de personas y mercancías a grandes distancias. Las locomotoras de vapor impulsaron la expansión de las líneas ferroviarias y el desarrollo de ciudades y economías en todo el mundo. Las vías férreas conectaron regiones, impulsaron el comercio y facilitaron la migración y la colonización de nuevas tierras. La locomotora de vapor simbolizó el progreso industrial y marcó el comienzo de la era moderna del transporte.

257

El ascensor cambió la arquitectura de las ciudades.

El ascensor moderno, desarrollado por Elisha Otis en 1852 con su sistema de seguridad, permitió la construcción de edificios más altos, lo que transformó el paisaje urbano. Antes del ascensor, los edificios de gran altura eran imprácticos debido a la dificultad de acceso a los pisos superiores. La invención del ascensor hizo posibles los rascacielos y facilitó el crecimiento vertical de las ciudades, marcando el inicio de una nueva era en la arquitectura y el urbanismo. Esta innovación cambió la forma en que se diseñaban los edificios y cómo se organizaba la vida en las áreas urbanas.

258

El cemento Portland mejoró la construcción moderna.

En 1824, Joseph Aspdin patentó el cemento Portland, un tipo de cemento que se convirtió en un material fundamental para la construcción moderna. Este cemento era más duradero y fácil de usar que los métodos tradicionales, y se utilizó en la construcción de edificios, puentes y otras infraestructuras.

El cemento Portland permitió la construcción de estructuras más grandes y resistentes, contribuyendo al crecimiento de las ciudades y al desarrollo de proyectos de ingeniería civil. Este material fue clave para el avance de la arquitectura moderna y sigue siendo un componente esencial en la construcción contemporánea.

259

El acero inoxidable fue un avance crucial en la metalurgia.

Aunque el acero inoxidable no se inventó formalmente hasta principios del siglo XX, sus orígenes se remontan a los avances metalúrgicos del siglo XIX. Los científicos comenzaron a experimentar con aleaciones de hierro y otros metales para mejorar su resistencia a la corrosión. La incorporación de elementos como el cromo llevó al desarrollo del acero inoxidable, que resistía la oxidación y el deterioro. Este material revolucionó industrias como la construcción, la medicina y la fabricación de utensilios de cocina, permitiendo la creación de herramientas y estructuras más duraderas y con menor necesidad de mantenimiento.

260

La pasteurización mejoró la seguridad alimentaria.

Louis Pasteur desarrolló el proceso de pasteurización en 1864, una técnica que consiste en calentar líquidos, como la leche, a una temperatura específica para eliminar bacterias dañinas y patógenos. Este proceso hizo que los alimentos fueran más seguros para el consumo y redujo la propagación de enfermedades transmitidas por alimentos. La pasteurización fue un avance crucial en la industria alimentaria y ayudó a aumentar la vida útil de productos perecederos. Este invento no solo mejoró la salud pública, sino que también permitió una distribución más amplia y segura de alimentos, cambiando los hábitos de consumo en todo el mundo.

Las Guerras Mundiales y la Paz

261

La Primera Guerra Mundial se conoció como "La Gran Guerra".

La Primera Guerra Mundial, que duró de 1914 a 1918, se llamó inicialmente "La Gran Guerra" porque fue el conflicto más grande y destructivo que el mundo había visto hasta entonces. Implicó a muchas de las principales potencias mundiales y marcó un cambio en la guerra moderna con el uso de tecnología avanzada, como ametralladoras, tanques y gases químicos. La guerra dejó alrededor de 16 millones de muertos y preparó el escenario para importantes cambios políticos y sociales, incluida la caída de imperios como el austrohúngaro, el otomano y el ruso.

262

El Tratado de Versalles puso fin a la Primera Guerra Mundial.

El Tratado de Versalles, firmado en 1919, puso fin oficialmente a la Primera Guerra Mundial. El tratado imponía severas sanciones a Alemania, incluyendo la pérdida de territorio, la reducción de su ejército y el pago de reparaciones económicas. Estas condiciones generaron resentimiento en Alemania y contribuyeron a las tensiones que eventualmente llevaron a la Segunda Guerra Mundial. El Tratado de Versalles es visto a menudo como un ejemplo de cómo una paz punitiva puede tener consecuencias negativas a largo plazo, mostrando la importancia de buscar acuerdos justos y sostenibles en la resolución de conflictos.

263

La Segunda Guerra Mundial comenzó con la invasión de Polonia.

La Segunda Guerra Mundial comenzó el 1 de septiembre de 1939, cuando Alemania, bajo el liderazgo de Adolf Hitler, invadió Polonia.

Este acto llevó a que Reino Unido y Francia declararan la guerra a Alemania dos días después. La invasión se llevó a cabo mediante la táctica militar conocida como blitzkrieg o guerra relámpago, que combinaba ataques rápidos y coordinados de aviones y tanques. La guerra se expandió rápidamente y se convirtió en un conflicto global que involucró a más de 30 países y resultó en un total de aproximadamente 70 a 85 millones de muertes.

264

El Holocausto fue uno de los eventos más trágicos de la Segunda Guerra Mundial.

El Holocausto fue el genocidio sistemático de aproximadamente seis millones de judíos por parte del régimen nazi durante la Segunda Guerra Mundial. Además, otras minorías, como los romaníes, personas con discapacidades y opositores políticos, también fueron perseguidas y asesinadas. Los campos de concentración y exterminio, como Auschwitz, se convirtieron en símbolos del horror de este genocidio. El Holocausto mostró las extremas consecuencias del odio y el racismo institucionalizado, y ha sido un recordatorio perdurable de la importancia de luchar contra la intolerancia y promover la dignidad humana y los derechos humanos.

265

Los Estados Unidos entraron en la Segunda Guerra Mundial tras el ataque a Pearl Harbor.

El 7 de diciembre de 1941, Japón atacó la base naval estadounidense de Pearl Harbor, en Hawái, sorprendiendo a la flota y causando grandes daños. Este evento llevó a que Estados Unidos, hasta entonces neutral, entrara en la Segunda Guerra Mundial al día siguiente. La entrada de Estados Unidos en el conflicto cambió el rumbo de la guerra, proporcionando a los Aliados un impulso significativo en términos de recursos y personal. Este ataque también marcó el comienzo de una serie de enfrentamientos en el Pacífico que culminaron con la rendición de Japón en 1945.

266

El desembarco de Normandía fue clave para la liberación de Europa.

El 6 de junio de 1944, conocido como el Día D, los Aliados llevaron a cabo el desembarco en las playas de Normandía, Francia, en la operación militar más grande de la historia.

Esta invasión marcó el inicio de la liberación de Europa occidental del control nazi y fue un punto de inflexión en la Segunda Guerra Mundial. La operación involucró a más de 150,000 soldados de Estados Unidos, Reino Unido, Canadá y otras naciones aliadas, y estableció una cabeza de playa (posición estratégica en términos militares) que permitió la entrada de tropas al continente europeo, acelerando el fin de la guerra.

267

Las bombas atómicas en Hiroshima y Nagasaki pusieron fin a la Segunda Guerra Mundial.

El 6 y el 9 de agosto de 1945, Estados Unidos lanzó bombas atómicas sobre las ciudades japonesas de Hiroshima y Nagasaki, respectivamente. Estas bombas causaron una destrucción masiva y la muerte de más de 200,000 personas, la mayoría civiles. El impacto de las bombas llevó a Japón a rendirse incondicionalmente el 15 de agosto de 1945, marcando el fin de la Segunda Guerra Mundial. Estos ataques siguen siendo un tema controvertido y un recordatorio del devastador poder de las armas nucleares, resaltando la necesidad de buscar la paz y el desarme nuclear.

268

La Liga de las Naciones no pudo evitar la Segunda Guerra Mundial.

La Liga de las Naciones, fundada en 1920 después de la Primera Guerra Mundial, fue creada con la intención de prevenir futuros conflictos mediante la diplomacia y la cooperación internacional. Sin embargo, carecía de poder real y de una fuerza militar propia, lo que limitó su efectividad. La incapacidad de la Liga para evitar la agresión de potencias como Alemania, Italia y Japón en la década de 1930 contribuyó al inicio de la Segunda Guerra Mundial. Este fracaso llevó a la creación de las Naciones Unidas en 1945, con el objetivo de ser una organización más fuerte y eficaz en el mantenimiento de la paz.

269

La Segunda Guerra Mundial llevó al desarrollo de la ONU.

Tras la devastación de la Segunda Guerra Mundial, se fundaron las Naciones Unidas en 1945 para promover la cooperación internacional y prevenir futuros conflictos.

Con sede en Nueva York, la ONU se creó con una estructura más sólida que la Liga de las Naciones, incluyendo un Consejo de Seguridad con cinco miembros permanentes: Estados Unidos, Reino Unido, Francia, Rusia y China. Su objetivo principal es mantener la paz y la seguridad, fomentar el desarrollo y defender los derechos humanos. La ONU ha desempeñado un papel clave en la diplomacia y la resolución de conflictos desde su creación.

270

La Guerra Fría comenzó tras la Segunda Guerra Mundial.

Después de la Segunda Guerra Mundial, surgió un enfrentamiento ideológico y político entre Estados Unidos y sus aliados, representando al bloque occidental, y la Unión Soviética y sus aliados, representando al bloque oriental. Este período de tensiones, conocido como la Guerra Fría, duró desde 1947 hasta 1991 y se caracterizó por una carrera armamentista, espionaje y conflictos indirectos en varias partes del mundo. Aunque nunca hubo un enfrentamiento militar directo entre las superpotencias, la amenaza de una guerra nuclear marcó esta época. La Guerra Fría influyó en la política internacional y el desarrollo tecnológico y militar.

271

La Primera Guerra Mundial impulsó la aviación militar.

La Primera Guerra Mundial fue el primer conflicto en el que se utilizó la aviación de manera significativa. Al principio, los aviones se usaban para el reconocimiento y la observación, pero pronto se equiparon con armas y se emplearon en combates aéreos y bombardeos. La guerra impulsó rápidamente la tecnología de la aviación, desarrollando aviones más rápidos y maniobrables. Pilotos famosos, como el "Barón Rojo", Manfred von Richthofen, se convirtieron en figuras legendarias. Estos avances sentaron las bases para el desarrollo de la aviación civil y militar en las décadas siguientes.

272

La Segunda Guerra Mundial impulsó la ciencia y la tecnología.

Durante la Segunda Guerra Mundial, se realizaron avances significativos en ciencia y tecnología. El desarrollo del radar permitió a los Aliados detectar aviones enemigos y mejorar sus defensas aéreas.

El proyecto Manhattan condujo a la creación de la bomba atómica, un logro que cambió la historia de la guerra y la ciencia. Además, los avances en medicina, como los antibióticos, ayudaron a salvar vidas. La guerra también impulsó el desarrollo de cohetes y la tecnología de propulsión, que posteriormente contribuyó a la carrera espacial. Estos avances transformaron tanto la guerra como la vida civil en el período de posguerra.

273

El Día de la Victoria en Europa marcó el fin de la Segunda Guerra Mundial en Europa.

El 8 de mayo de 1945, conocido como el Día de la Victoria en Europa (V-E Day), marcó la rendición incondicional de Alemania y el fin de la Segunda Guerra Mundial en Europa. Este día fue celebrado con gran júbilo en las ciudades aliadas, donde la gente salió a las calles para festejar el fin del conflicto. Aunque la guerra continuó en el Pacífico hasta agosto de 1945, el V-E Day representó el colapso del régimen nazi y el inicio de la reconstrucción de Europa. Fue un momento histórico de esperanza y alivio tras años de sufrimiento y destrucción.

274

La Segunda Guerra Mundial llevó al Plan Marshall.

Después de la Segunda Guerra Mundial, Europa quedó devastada. Para ayudar en su recuperación, Estados Unidos implementó el Plan Marshall en 1948, un programa de asistencia económica que proporcionó más de 12,000 millones de dólares (equivalentes a más de 100,000 millones de dólares actuales) a los países europeos. Este programa ayudó a reconstruir infraestructuras, reactivar economías y estabilizar políticamente la región. El Plan Marshall no solo impulsó la recuperación económica, sino que también fortaleció las relaciones entre Estados Unidos y Europa occidental, evitando la expansión del comunismo en la región. Los fondos se utilizaron para modernizar industrias, reconstruir ciudades y mejorar las condiciones de vida, lo que llevó a un período de crecimiento económico sostenido conocido como el "milagro económico europeo". Este plan se convirtió en un símbolo del apoyo mutuo y la cooperación internacional para la recuperación tras uno de los conflictos más devastadores de la historia.

275

La ONU creó los Cascos Azules para el mantenimiento de la paz.

En 1948, las Naciones Unidas introdujeron las fuerzas de paz conocidas como "Cascos Azules" para supervisar y mantener la paz en zonas de conflicto. Formadas por soldados de diferentes países, estas fuerzas se desplegaron inicialmente en Oriente Medio para vigilar los acuerdos de alto el fuego. Desde entonces, los Cascos Azules han participado en numerosas misiones en todo el mundo, protegiendo a civiles, facilitando procesos de paz y proporcionando asistencia humanitaria. Aunque enfrentan desafíos complejos, estas fuerzas representan un esfuerzo global por reducir los conflictos y promover la estabilidad en regiones afectadas por la guerra.

276

El Tratado de No Proliferación Nuclear fue un hito en la paz global.

El Tratado de No Proliferación Nuclear (TNP), firmado en 1968 y vigente desde 1970, busca prevenir la expansión de armas nucleares, fomentar el desarme y promover el uso pacífico de la energía nuclear.

Firmado por la mayoría de los países del mundo, el TNP establece que solo cinco naciones (Estados Unidos, Rusia, China, Reino Unido y Francia) pueden tener armas nucleares, y se comprometen a no transferirlas. Este tratado ha sido esencial para reducir la amenaza de un conflicto nuclear a gran escala y ha incentivado los esfuerzos de la comunidad internacional por promover la paz y la seguridad.

277

La Conferencia de Paz de París de 1919 redibujó el mapa de Europa.

La Conferencia de Paz de París de 1919, que siguió al fin de la Primera Guerra Mundial, produjo tratados que reconfiguraron las fronteras europeas y llevaron al colapso de imperios como el austrohúngaro, el otomano y el ruso. Se crearon nuevos países como Checoslovaquia y Yugoslavia, y otros territorios cambiaron de manos. Sin embargo, las duras condiciones impuestas a Alemania, especialmente a través del Tratado de Versalles, sembraron resentimientos que contribuyeron al surgimiento del nazismo y al inicio de la Segunda Guerra Mundial. Esta conferencia es un ejemplo de cómo las decisiones de paz pueden tener consecuencias duraderas.

278

El armisticio de 1918 puso fin a los combates de la Primera Guerra Mundial.

El 11 de noviembre de 1918, a las 11 de la mañana, entró en vigor el armisticio que detuvo los enfrentamientos en el frente occidental de la Primera Guerra Mundial. Firmado en un vagón de tren en Compiègne, Francia, el acuerdo marcó la rendición de Alemania y el fin de los combates. Este día se conmemora en muchos países como el Día del Armisticio o el Día del Recuerdo, honrando a los soldados caídos en el conflicto. El armisticio fue un momento clave que llevó a las negociaciones de paz que culminaron en la firma del Tratado de Versalles.

279

La Carta Atlántica sentó las bases para las Naciones Unidas.

En 1941, durante la Segunda Guerra Mundial, el presidente estadounidense Franklin D. Roosevelt y el primer ministro británico Winston Churchill firmaron la Carta Atlántica, un acuerdo que establecía los objetivos comunes de los Aliados para el mundo posguerra.

La carta defendía la autodeterminación de los pueblos, la libertad de comercio y la cooperación internacional. Aunque no era un documento formal, sus principios sentaron las bases para la creación de las Naciones Unidas en 1945, una organización destinada a promover la paz y la cooperación global y evitar conflictos como los que llevaron a las guerras mundiales.

280

El asesinato del archiduque Francisco Fernando desencadenó el inicio de la Primera Guerra Mundial.

El 28 de junio de 1914, el archiduque Francisco Fernando de Austria, heredero del trono del Imperio Austrohúngaro, fue asesinado junto a su esposa en Sarajevo por Gavrilo Princip, un nacionalista serbio-bosnio. Este asesinato fue el evento detonante de una serie de tensiones políticas y alianzas entre las principales potencias de Europa. En respuesta, Austria-Hungría declaró la guerra a Serbia, lo que llevó a que otros países, unidos por alianzas, también se movilizaran. Este conflicto local escaló rápidamente hasta convertirse en una guerra mundial, en la que participaron grandes potencias como Alemania, Rusia, Francia y el Reino Unido, desencadenando la Primera Guerra Mundial.

La Era del Espacio y la Tecnología Moderna

281

El lanzamiento del Sputnik I marcó el inicio de la Era Espacial.

El 4 de octubre de 1957, la Unión Soviética lanzó el Sputnik I, el primer satélite artificial de la historia. Este pequeño satélite esférico, que emitía señales de radio, marcó el inicio de la Era Espacial y sorprendió al mundo, desencadenando la carrera espacial entre Estados Unidos y la Unión Soviética. El éxito del Sputnik demostró el avance de la tecnología espacial soviética y llevó a Estados Unidos a intensificar sus esfuerzos en la exploración del espacio. Este evento fue clave para impulsar la investigación científica y el desarrollo de tecnologías relacionadas con los satélites y la exploración espacial.

282

Yuri Gagarin fue el primer ser humano en viajar al espacio.

El 12 de abril de 1961, el cosmonauta soviético Yuri Gagarin se convirtió en el primer ser humano en orbitar la Tierra a bordo de la nave *Vostok 1*. Su vuelo duró 108 minutos y marcó un hito en la historia de la exploración espacial. El éxito de esta misión consolidó el liderazgo de la Unión Soviética en la carrera espacial y demostró que los humanos podían sobrevivir en el entorno del espacio exterior. La hazaña de Gagarin fue un momento histórico que inspiró a futuros astronautas y fortaleció la competencia espacial entre las dos superpotencias de la época.

283

El Apolo 11 llevó al primer hombre a la Luna.

El 20 de julio de 1969, la misión Apolo 11 de la NASA logró que Neil Armstrong y Buzz Aldrin fueran los primeros humanos en caminar sobre la superficie de la Luna, mientras Michael Collins permanecía en órbita.

Armstrong pronunció la famosa frase: "Es un pequeño paso para un hombre, un gran salto para la humanidad". Este logro fue el resultado de una década de avances tecnológicos y esfuerzos por superar a la Unión Soviética en la carrera espacial. La misión Apolo 11 marcó un hito en la exploración espacial y demostró el potencial de la ciencia y la tecnología.

284

El telescopio espacial Hubble revolucionó la astronomía.

Lanzado en 1990, el telescopio espacial Hubble permitió a los científicos observar el universo sin la distorsión de la atmósfera terrestre. Este telescopio proporcionó imágenes detalladas de galaxias, nebulosas y otros fenómenos astronómicos, permitiendo descubrimientos importantes como la expansión acelerada del universo. Las observaciones del Hubble han ampliado nuestra comprensión de la formación de estrellas, la existencia de agujeros negros y la estructura del cosmos. Gracias a su avanzada óptica, el Hubble sigue siendo uno de los instrumentos científicos más valiosos, inspirando a futuras misiones espaciales y a generaciones de astrónomos.

285

La Estación Espacial Internacional es un símbolo de cooperación global.

La Estación Espacial Internacional (ISS), lanzada en 1998, es un proyecto de colaboración entre múltiples países, incluidas las agencias espaciales de Estados Unidos (NASA), Rusia (Roscosmos), Europa (ESA), Japón (JAXA) y Canadá (CSA). La ISS sirve como un laboratorio en órbita donde se realizan experimentos en microgravedad y se estudian los efectos del espacio en el cuerpo humano. Es un ejemplo de cómo la cooperación internacional puede llevar a logros científicos significativos y ha facilitado investigaciones que van desde la biología hasta la física. La ISS es una prueba de que la colaboración global es posible en la ciencia.

286

El lanzamiento del rover Perseverance marcó un nuevo capítulo en la exploración de Marte.

El 30 de julio de 2020, la NASA lanzó la misión Mars 2020, que incluyó al rover Perseverance.

Este vehículo explorador aterrizó en Marte el 18 de febrero de 2021 y llevó consigo instrumentos para buscar signos de vida pasada, recolectar muestras de roca y estudiar la geología del planeta. Perseverance también transportó un helicóptero llamado Ingenuity, el primero en volar en otro planeta. Esta misión representa un avance en la exploración interplanetaria y es un paso hacia el objetivo de enviar humanos a Marte en el futuro, demostrando el potencial de la robótica y la tecnología en la exploración espacial.

287

El GPS cambió la forma en que navegamos y nos comunicamos.

El Sistema de Posicionamiento Global (GPS) fue desarrollado por el Departamento de Defensa de Estados Unidos y se puso en funcionamiento en 1978. Este sistema, compuesto por una red de satélites, permite localizar con precisión la posición de un objeto en cualquier parte del mundo. Originalmente destinado a fines militares, el GPS se ha convertido en una herramienta esencial en la vida cotidiana, utilizada en navegación, logística, agricultura y tecnología móvil. Su desarrollo ha transformado la manera en que nos desplazamos y comunicamos, facilitando el acceso a la información de ubicación en tiempo real.

288

El internet revolucionó la comunicación y la información global.

El internet, que comenzó a desarrollarse en la década de 1960 con ARPANET, se convirtió en una herramienta de uso generalizado en la década de 1990 gracias a la World Wide Web, creada por Tim Berners-Lee en 1989. La red global transformó la forma en que las personas se comunican, acceden a la información y realizan negocios. La expansión del internet ha fomentado el desarrollo de nuevas industrias y ha facilitado el intercambio cultural y educativo. Hoy en día, el internet es una parte esencial de la vida diaria y sigue evolucionando con avances como la inteligencia artificial y la conectividad móvil.

289

Los teléfonos inteligentes redefinieron la tecnología personal.

El lanzamiento del iPhone en 2007, desarrollado por Apple, marcó un punto de inflexión en la tecnología personal al integrar la funcionalidad de un teléfono, una cámara, una computadora y un reproductor de música en un solo dispositivo.

Los smartphones revolucionaron la comunicación y el acceso a la información, y permitieron el desarrollo de aplicaciones móviles que han transformado industrias como la banca, el entretenimiento y la salud. Los teléfonos inteligentes también han facilitado la conectividad global y han impulsado la creación de nuevas formas de trabajo y colaboración, redefiniendo la vida moderna y las interacciones sociales.

290

La inteligencia artificial está transformando múltiples industrias.

La inteligencia artificial (IA) ha avanzado considerablemente desde sus inicios en la década de 1950 y ahora se utiliza en aplicaciones que van desde asistentes virtuales, como Siri y Alexa, hasta el análisis de grandes volúmenes de datos en medicina, finanzas y manufactura. La IA ha mejorado la eficiencia en procesos industriales, facilitado el desarrollo de vehículos autónomos y ha impulsado la personalización de servicios en plataformas digitales. Aunque plantea desafíos éticos y de empleo, la IA continúa abriendo nuevas posibilidades en la investigación científica y en la automatización de tareas complejas, cambiando el panorama de muchas industrias.

291

La exploración de asteroides promete recursos y nuevos descubrimientos.

Las misiones para explorar asteroides, como la misión OSIRIS-REx de la NASA, que recolectó muestras del asteroide Bennu, abren la posibilidad de estudiar el origen del sistema solar y obtener recursos valiosos. Los asteroides contienen minerales como hierro, níquel y metales raros que podrían ser utilizados en la Tierra o en futuras misiones espaciales. La minería de asteroides es un campo emergente que podría cambiar la economía espacial y facilitar la expansión humana más allá de la órbita terrestre. Estos proyectos reflejan cómo la tecnología moderna está ampliando el alcance de la exploración espacial y las oportunidades económicas.

292

Los drones transformaron la logística y la industria audiovisual.

Los drones, originalmente desarrollados para fines militares, se han expandido a usos comerciales y recreativos.

En la logística, empresas como Amazon han experimentado con drones para realizar entregas rápidas, mientras que en la industria audiovisual, los drones permiten capturar imágenes aéreas de alta calidad para cine y televisión. También se utilizan en la agricultura para monitorear cultivos y en la construcción para inspeccionar estructuras de difícil acceso. Los drones han democratizado la fotografía y la videografía aérea, haciendo accesible esta tecnología a una audiencia más amplia y cambiando la forma en que se documentan y gestionan diversos proyectos.

293

La biotecnología ha impulsado avances médicos sin precedentes.

La biotecnología ha permitido desarrollos revolucionarios en medicina, como la edición genética mediante CRISPR-Cas9 y la creación de vacunas de ARNm. Estas tecnologías han facilitado tratamientos más efectivos y personalizados para enfermedades y han acelerado la investigación de terapias genéticas. La biotecnología también ha sido clave en la producción de alimentos más nutritivos y en el desarrollo de soluciones sostenibles para la agricultura.

Estos avances no solo mejoran la calidad de vida, sino que también permiten respuestas más rápidas a crisis sanitarias globales, como se demostró con el desarrollo de vacunas contra el COVID-19 en tiempo récord.

294

El desarrollo de cohetes reutilizables revolucionó los viajes espaciales.

SpaceX, la empresa fundada por Elon Musk, cambió el paradigma de los lanzamientos espaciales al desarrollar cohetes reutilizables, como el Falcon 9. Estos cohetes pueden aterrizar y volver a usarse en múltiples misiones, reduciendo significativamente el costo de los viajes espaciales. Esta tecnología ha hecho que la exploración y los lanzamientos comerciales sean más sostenibles y accesibles. El avance en cohetes reutilizables es un paso importante hacia la colonización de Marte y otros proyectos de exploración espacial a largo plazo, y ha incentivado a otras empresas y agencias a invertir en tecnologías similares para el futuro.

295

La realidad virtual ha cambiado el entretenimiento y la educación.

La realidad virtual (VR) permite a los usuarios sumergirse en entornos digitales tridimensionales mediante dispositivos especiales, como cascos y guantes con sensores. Esta tecnología ha revolucionado el mundo de los videojuegos, ofreciendo experiencias inmersivas, y ha tenido un impacto significativo en la educación, simulación de entrenamientos y terapia. Las aplicaciones de VR van desde la visualización de estructuras arquitectónicas hasta la práctica de habilidades quirúrgicas en un entorno controlado. La realidad virtual continúa evolucionando, mostrando un potencial enorme para cambiar cómo las personas interactúan con la información y se preparan para situaciones de la vida real.

296

La impresión 3D democratizó la manufactura y el diseño.

La impresión 3D permite crear objetos tridimensionales a partir de modelos digitales, usando materiales como plásticos, metales y resinas.

Esta tecnología ha revolucionado la fabricación al permitir la creación rápida de prototipos y la producción de piezas personalizadas. Desde la creación de prótesis médicas asequibles hasta la impresión de herramientas y piezas de repuesto en el espacio, la impresión 3D ha abierto nuevas posibilidades en diversas industrias. Su capacidad de personalización y reducción de costos ha hecho que la fabricación sea más accesible, impulsando la innovación en sectores como la medicina, la arquitectura y la automoción.

297

Las energías renovables están redefiniendo el futuro energético.

El avance en tecnologías de energías renovables, como la solar y la eólica, está transformando la forma en que se genera y consume la energía. Los paneles solares han mejorado en eficiencia y reducción de costos, lo que ha permitido su adopción masiva tanto en hogares como en grandes instalaciones. Los parques eólicos también han crecido en popularidad, contribuyendo a la reducción de las emisiones de gases de efecto invernadero. El desarrollo de baterías de almacenamiento, como las de iones de litio, ha impulsado la viabilidad de estas fuentes de energía, marcando un cambio hacia un futuro más sostenible y limpio.

298

El avance de los semiconductores impulsó la era digital.

Los semiconductores son la base de los circuitos integrados y microprocesadores, componentes clave en la electrónica moderna. Desde la creación del primer transistor en 1947, los semiconductores han permitido la miniaturización y el desarrollo de computadoras, teléfonos inteligentes y otros dispositivos electrónicos. La ley de Moore, que predice la duplicación de la capacidad de los microprocesadores cada dos años, ha guiado el avance de la tecnología, permitiendo la creación de dispositivos cada vez más potentes y compactos. Estos avances han impulsado la era digital, cambiando la forma en que las personas trabajan, se comunican y acceden a la información.

299

Los satélites han transformado la meteorología y la vigilancia terrestre.

Los satélites meteorológicos, como el GOES y el Meteosat, permiten un monitoreo constante del clima y el pronóstico preciso de fenómenos meteorológicos.

Estos satélites recopilan datos sobre la temperatura, humedad y vientos, ayudando a prever tormentas, huracanes y otros desastres naturales. Los satélites también se utilizan para la vigilancia ambiental, monitoreando la deforestación, el deshielo polar y los cambios en la cubierta terrestre. Estas capacidades mejoran la respuesta ante emergencias y promueven la investigación científica sobre el cambio climático y sus impactos, destacando la importancia de la tecnología satelital en la gestión de recursos naturales y la protección del planeta.

300

La tecnología de reconocimiento de voz se ha integrado en la vida diaria.

El reconocimiento de voz ha evolucionado desde sus primeros sistemas rudimentarios hasta los asistentes virtuales modernos, como Siri, Alexa y Google Assistant. Estas tecnologías utilizan inteligencia artificial para comprender y responder a comandos de voz, facilitando la realización de tareas como enviar mensajes, buscar información o controlar dispositivos en el hogar inteligente. El reconocimiento de voz ha hecho que la interacción con la tecnología sea más intuitiva y accesible, especialmente para personas con discapacidades.

Esta tecnología sigue mejorando, incorporando aprendizaje automático para adaptarse mejor al lenguaje natural y a las necesidades de los usuarios.

301

La misión Voyager lleva mensajes de la humanidad hacia el espacio interestelar.

Las sondas Voyager 1 y Voyager 2, lanzadas en 1977 por la NASA, no solo exploraron los planetas exteriores del sistema solar, sino que también llevan consigo discos de oro con mensajes de la Tierra. Estos discos contienen sonidos, saludos en 55 idiomas, música y datos sobre la vida y cultura en la Tierra, diseñados para ser comprendidos por cualquier posible forma de vida inteligente que los encuentre. En 2012, la Voyager 1 se convirtió en el primer objeto creado por humanos en llegar al espacio interestelar, llevando este mensaje de la humanidad más lejos de nuestro planeta que nunca antes.

www.ingramcontent.com/pod-product-compliance
Lightning Source LLC
LaVergne TN
LVHW012049160826
845678LV00014B/2763

* 9 7 9 8 2 2 7 1 3 0 1 6 7 *